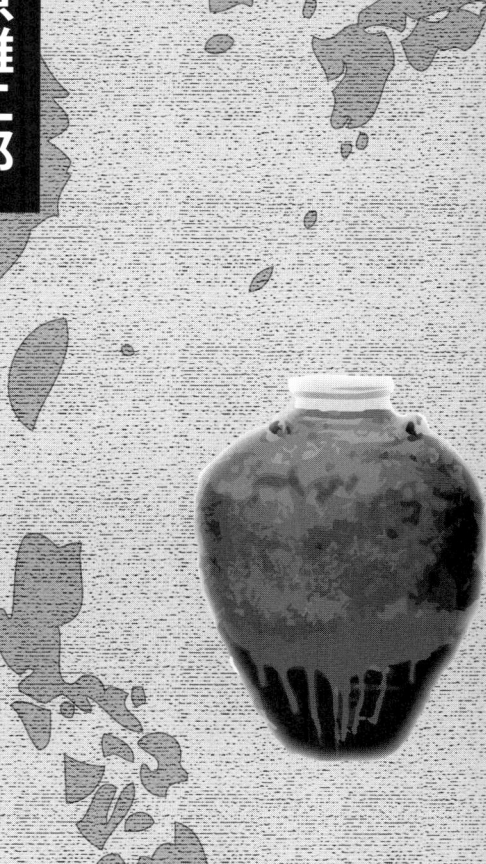

戦国イノベーション

たくましき海商
ルソン助左衛門の時代

萩原雄二郎

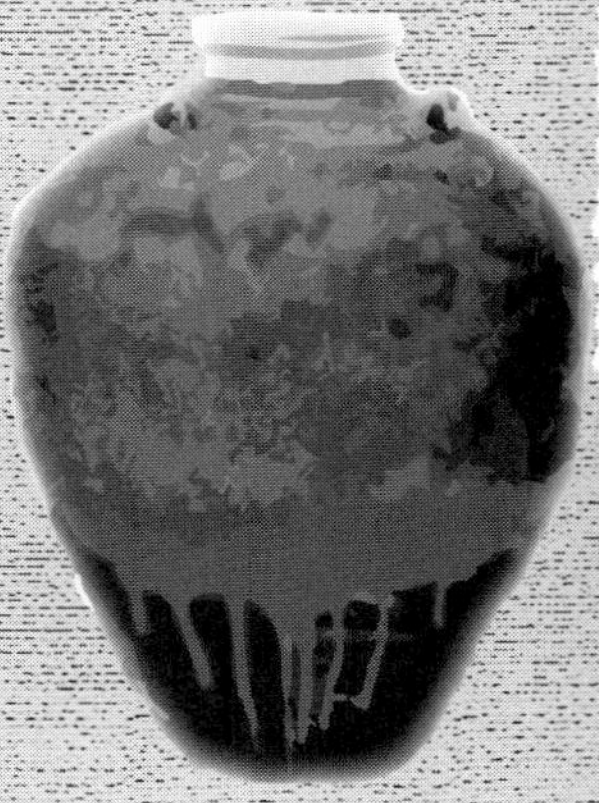

エルシーシー

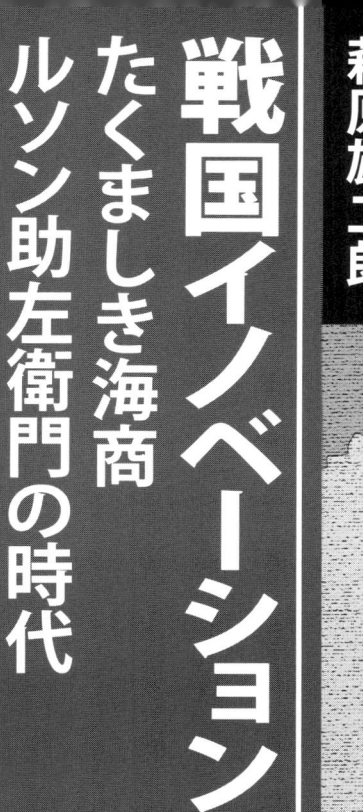

まえがき

変化の時代、イノベーション（革新）の時代をどう生きるのか――。

これは、わたしたち「いま」を生きる人すべての課題ではないだろうか。

この課題は、結局のところ、一人ひとりが生きるなかでみずからが解決しなければならないのかもしれない。

しかし、「変化の時代、イノベーションの時代」というのは、現代だけの特徴とはいえない。じつは、どの時代も、変化とイノベーションに満ちていたのである。であれば、どう生きるのかのヒントを、先達《せんだつ》の生き方にもとめることもできる。

本書は、それを戦国時代の商人にもとめた。そして、かれらのいわば代表として焦点をあてたのが、冒険家的貿易商の納屋助左衛門《なやすけざえもん》（俗称、呂宋《ルソン》助左衛門）である。

なぜ戦国時代の商人なのかといえば、バブル崩壊後の日本経済は活力にとぼしく、「たくましさ」（元気さとも）に欠けるといわれるからである。

アベノミクスのような金融政策は、経済を活性化する誘因にはなるかもしれない。が、経済を動かすのは、最終的には人の心であろう。わたしたち日本人が、たくましさを取りもどさないかぎり、日本経済の再生はかなわないのではないだろうか。そのたくましさにあふれていたのが、戦国時代の商人たちなのである。

戦国時代は下剋上の乱世にくわえ、盛んな国際貿易によって異質なヨーロッパ文化も流入し、社会が沸き立つように変化した。それは、グローバル化のなかで、なにもかもがめまぐるしく変わる現代にかさなる。あの戦国の沸き立つような社会のなかでも、イノベーションを起こし、たくましく成功した戦国商人（戦国時代の商人）もいた。わたしたちが、かれらから学べるものは多いにちがいない。

読者諸氏は、「呂宋壺《ルソン》」をご存じだろうか。呂宋はフィリピンのルソン島のことである。呂宋壺は「茶壺」、つまり石臼でひいて抹茶にする前の葉茶を保存する壺である。織豊時代から江戸初期にかけて、「茶の湯」に傾倒した数寄者《すきしゃ》の間で、目が飛び出るほどの高値をつけた。呂宋壺ブームは、輸入先の呂宋でその種の壺がなくなるほど過熱した。

茶壺は、今日でも茶道の世界では「口切《くちきり》」という茶事《ちゃじ》に登場する道具だが、知らない人にはありふれた壺、ただの安価な陶磁器としか見えないかもしれない。そんな壺一つと「城」一つを交換するという戦国武将もいた。

茶壺ブームは十六世紀を通じてつづいたが、その掉尾《とうび》を飾る呂宋壺ブームは、ほとんど狂的な人気と高値を呼んだ。

呂宋壺ブームの背後には、火つけ役となり、あっという間に大金持ちになった商人がいる。それが納屋助左衛門である。ビジネス用語なら「イノベーションを起こして新しい市場を創造したアントレプレナー（起業家精神の持ち主）」というのかもしれない。

助左衛門はどのような人物で、どのようにして呂宋壺ビジネスを起こしたのか。

時代はちがえども、イノベーションを起こす人には共通する精神、起業家精神がある。それはまた、いま日本に必要とされる「たくましさ」といいかえてよいとおもう。


助左衛門は、史料が少ない謎の人物である。本書はその謎解きをしながら、戦国商人に迫ろうと考えた。戦国商人を知る、いわば道案内役を助左衛門にお願いしたようなものである。そのようなねらいもあり、次のような構成にした。

第一章では、戦国時代のイノベーションとそれがもたらした変化をとりあげた。とくに助左衛門のような貿易商たちがおかれていた環境に焦点をあてた。商人にかぎらないが、人の生きざまを理解するには、その社会背景を知っておいたほうがよいからだ。

第二章では、史料のなかに助左衛門像をもとめた。

第三章では、助左衛門が堺の納屋一族である点に着目し、一族の豪商納屋宗久《なやそうきゅう》や茶聖千利休《せんのりきゅう》を手がかりにして、より具体的な助左衛門像をさぐった。

第四章では、戦国商人である助左衛門が何を見、どのように考え、どう行動していたのかにスポットをあてた。

第五章は、史料や前章までの推理に基づき、助左衛門をストーリーのなかにおいた。フィクションである。より臨場感のある形で、助左衛門、つまりは助左衛門に代表される戦国商人のたくましさを知ろうと試みた。

戦国時代の変化とイノベーションを見れば、めまぐるしく変化する現代を冷静にながめ、自分の立ち位置を把握する助けになることだろう。そして、乱世のなかでも成功した戦国商人のたくましさがどこから生まれたのか、それを考えることは「いま」を生きるなにかしらのヒントになるのではなかろうか。

いまや経済「再生」がスローガンになるほど、自信喪失ぎみの日本である。しかし、助左衛門が現代を生きるなら、きっと喜んで商売を起こし、また成功するだろう。そんな助左衛門のたくましさをもらいたいものである。

［凡例］

呂宋　呂宋《ルソン》は、一般にはフィリピンの現ルソン島のことである。一六世紀後半、スペインは、ルソン島をふくむフィリピン諸島を征服した。スペイン統治下のフィリピン諸島を呂宋ともいった。本書の「呂宋」は、現ルソン島やスペイン統治下のフィリピン諸島のいずれの意味でもある。

時代区分　大まかな「目安」として、次のような時代区分をつかっている。

室町時代……南北朝が合一する一三九〇年ごろから一四九〇年ごろまで。

戦国時代……各地で下剋上が激化した一四九〇年ごろから大坂の陣の一六一五年ごろまで。戦国時代をさらに次のように区分した。

騒乱時代――一五四〇年ごろまで。大小領主の勢力争いの時期。

群雄時代――一五七〇年ごろまで。有力戦国大名の合戦の時期。

織豊時代――一六〇〇年ごろまで。織田信長・豊臣秀吉による統一期。

江戸初期――一六一五年ごろまで。徳川家康による江戸幕府樹立期。

江戸時代前期……江戸初期をふくめて一七世紀。

戦国イノベーション　目次

まえがき　3
凡例　7

第一章　戦国イノベーション　15

イノベーションの時代
新しい価値、新しい市場　17　イノベーションの時代　20
戦国イノベーション事情　22　貿易銀イノベーション　24
丸木舟から遣明船　25　環中国海を行き来する日本船　28
イノベーションの連鎖　31

拡大する貿易
貿易時代の到来　32　南海路へ　35

アジアの国際貿易圏　38　貿易商の時代　41
桃山文化を花開かせたもの　44
貿易時代のうらおもて
変化する貿易環境　46　密貿易の底流　48
南蛮貿易はじまる　51　スペインの場合　53
不思議な貿易品
日本人の目をひらいた世界知識　56　南蛮貿易が誘発した貿易戦争　60
威力を発揮した日本銀　63　南海を往来した商品　65
不思議な貿易品　69
コラム――戦国時代の貨幣を円換算する　74

第二章　秀吉に壺を売らせた男　77

呂宋助左衛門の登場

大坂城茶壺売り場　79　文禄三年七月二〇日　82

呂宋壺エピソードの出所　86　エピソードの周辺事情　90

呂宋壺フィーバー　92

助左衛門のプロフィール

名前が教える商人像　96　助右衛門と助左衛門　99

助左衛門の痕跡　102　豪勢な邸宅　104

助左衛門と久秀と利休　107　黄金の日々　109

真壺需要にのる　113　生年と顛末　115

プロフィール　119

第三章　納屋の助左衛門　121

堺の商人

宗久と利休　122　チャレンジ精神と目利き　126

茶会記の隙間　129　名物拝見の世界　133

助左衛門、貿易商となる

助左衛門の出自　137　「つほや」の助左衛門　140

硝石入りの壺　144　戦国流通ネットワーク　148

第四章　戦国商人となる　151

海賊と商人

国内流通を経験する　152　瀬戸内海の海賊　155

海賊と対決する　158　半商半賊　163

命がけの商売　165
茶の湯と商売
人を見立て・目利きする　168　真壺を拝見　170
茶の湯ブームと道具の値段　173　海賊の点前　177
松永久秀と助左衛門　182
呂宋ゴールドラッシュ
呂宋の財宝　185　納屋船ルソン島へ向かう　189
五倍速の錬金術　192　祭りのあと　195

第五章　呂宋壺ビジネス　199

マニラの台頭、激変する日本　200
呂宋壺を仕込む　202
利休と名物　208

利休死す　213
次の時代へ　216
朱印船貿易の予兆　220
商機到来　225
利休の壺御用達商人　229
秀吉の思惑　232
西類子と組屋の顛末　235
秀吉と対峙する　238
再び南海へ　244

あとがきにかえて――呂宋壺ビジネスとたくましき起業家精神
呂宋壺ビジネス　246　たくましき起業家精神　248
たくましさの源泉　249

参考文献一覧　254

第一章　戦国イノベーション

環中国海貿易圏の地図

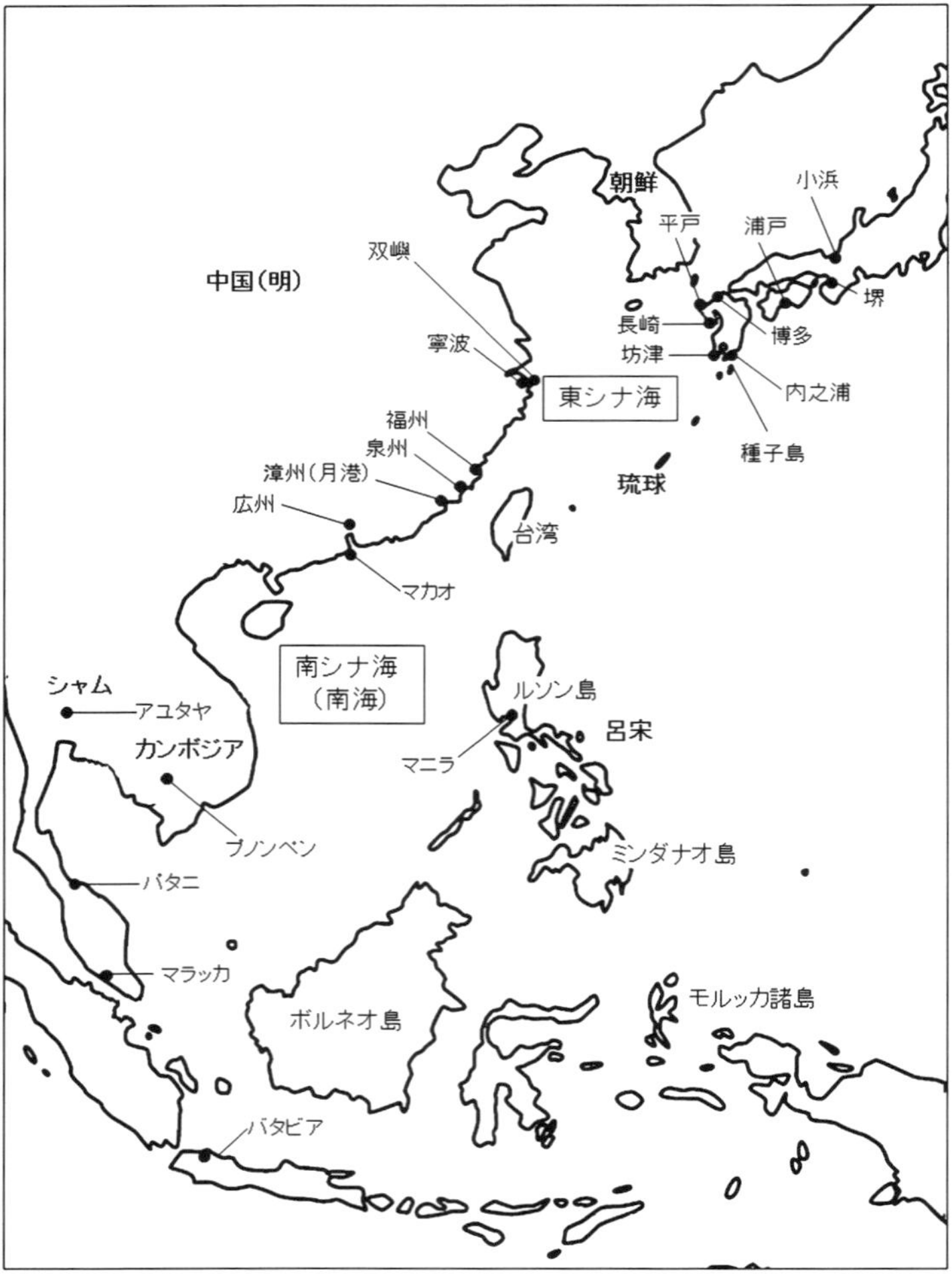
朝鮮
中国(明)
双嶼
寧波
東シナ海
福州
泉州
漳州(月港)
広州
台湾
マカオ
琉球
平戸
浦戸
小浜
長崎
博多
堺
坊津
内之浦
種子島
南シナ海
(南海)
シャム
アユタヤ
カンボジア
プノンペン
ルソン島
呂宋
マニラ
ミンダナオ島
パタニ
マラッカ
ボルネオ島
モルッカ諸島
バタビア

イノベーションの時代

新しい価値、新しい市場

物の価値というのは、不可思議である。その最たるものは、納屋助左衛門《なやすけざえもん》が呂宋《ルソン》（フィリピン・ルソン島）から持ち帰った五十個の壺の値段だろう。

天下人の豊臣秀吉は、大阪城の広縁にならべられた壺をながめて助左衛門にいった。

「これらがすべて名物茶壺になると申すか……ははは、おぬしは強欲な男よ。これだけの数の土くれを名物なみの高値で売ろうと考えたのか」（本書第五章）

秀吉のいうように、それら呂宋の壺は、多くの現代人には「土くれ」、すなわちありふれた陶磁器の壺にしか見えなかったかもしれない。ところが、その土くれが、なんと一個数十億円という値段で、大坂城の茶壺即売会場であっという間に売り切れてしまった。

突拍子もない話である。

なにゆえ、ただの土くれが莫大なお金に変わるのだろう。

その錬金術のような助左衛門の商売の背景やいきさつこそは、本書が解き明かしたいところではある。が、それは後に譲るとしても、ともかくもこのエピソードは、「大海の波濤を越え、はるか呂宋に埋もれていた土くれまでビジネスにしてしまう助左衛門のたくましさよ」

と、なにか痛快な気持ちにさせてくれるのもたしかである。

以前、納屋助左衛門は、NHKの大河ドラマ『黄金の日々』の主人公として人気を博したことがある。関西ではいま助左衛門にちなんだ『ルソンの壺』という番組もあるそうだ。武将ならともかく、これほど一般に知られた戦国商人（戦国時代の商人）はいないのではないか。知名度という点では同時代の他の商人を圧倒している。

助左衛門人気の秘密は、二点あるとおもう。ひとつは謎が多いこと。助左衛門はその知名度のわりに、わからない部分が多い。その謎が人を惹きつける。

もう一点は、その人物イメージだろう。

「呂宋」助左衛門という俗称、ニックネームまである。この異国の名をふくむ俗称は、先の呂宋壺エピソードと相まって、「冒険家的貿易商」という雰囲気をまとっている。

冒険家的貿易商――たくましさに満ちた商人像だ。

この「たくましさ」の中身だが、助左衛門の場合は、たんなる豪快さというにおさまらない。商人として「新しい価値、新しい市場」をつくりだすアグレッシブなたくましさだったとおもわれる。

ただの土くれを何十億円という値段に高めるのは、まさに価値をつくりだすことにほかならない。五十個もの呂宋の壺が売り切れたのは、呂宋壺の市場が生まれていたからだ。助左衛門はそのような価値と市場の創出に深くかかわっていたとみられる。

もっとも、助左衛門にかぎらず、新しいものを生みだすたくましさは、戦国商人に共通する特徴でもある。

かれら戦国商人は、室町時代に萌芽した日本の商業を育み、伸ばした。

さまざまな商売は、かれらの時代にその原型を見いだせる。

新しい商品や技術が生まれただけではない。組織的な販売方法や分業による生産方式、全国的な流通、為替などのしくみ、経営のやり方にいたるまで、江戸時代に発展した商売のシステムは、戦国時代にその基本は出そろっていたのではあるまいか。

まことにダイナミックな商業の草創期、助左衛門のようにたくましい商人たちが、商売の新しいシステムを考案し、新商品を編みだし、新しい価値と市場を創出した。助左衛門の背景を知っておくためにも、本章では、戦国商人をとりまく当時の商環境をながめていこう。

イノベーションの時代

最近、「イノベーション」という言葉をよく耳にする。

辞書的には、「革新、変革、新しい社会的価値の創造」の意味とされる。「技術革新」としてつかわれる場合も多いが、意味はもっと広い。わかりやすく、「だれもやらなかったことを行い、その新しいことが社会に変化をもたらすこと」と、とらえてかまわないようだ。

経済やビジネス分野にかぎらず、政治的な新しい制度や政策も、学問や芸術の新しい学説や表現方法も、社会に変化をもたらすなら、すべてイノベーションである。であれば、そもそも過去の変化の記録ともいえる「歴史」は、ほとんどイノベーションの連続をつづったものといってよい。

商売やビジネスに話をしぼれば、イノベーションとは「新しい価値（商品）、新しい市場の創造」と言いかえられる——ついでながら、前項に述べた助左衛門や戦国商人たちの新しい価値、新しい市場をつくりだす「たくましさ」は、イノベーションを起こす原動力のようなものだといえる。

身近なイノベーションをみてみよう。

いま、スマートフォンが人々の生活を変えつつある。それもイノベーションだ。スマートフォンの以前に携帯電話があり、インターネットがあり、パソコンがあり、半導体の開発がある。それらもイノベーションだった。

それまでになかった新しい商品がヒットすれば、イノベーションになる。すでに世の中にある商品でも、新しい用途や価値を付加したり、新しい販売方法によってヒットすれば、イノベーションを起こしたといえる。

また、スマートフォンのように最先端の科学技術を用いた商品でなくとも、イノベーションを起こせる。

インスタントラーメンは、いまや世界で年間千億食、おびただしい量が消費されている。これは、まちがいなく世界の食文化に大変化をもたらしたイノベーション商品だ。そのインスタントラーメンは、約五十年前、日清食品の創業者が無一文のとき、自宅裏庭の「小屋」で開発したものだった。

最近では日本どころか世界中の人気商品となった「にぎり寿司」。

江戸時代後期、だれかはわからないけれど、はじめてにぎり寿司を商売にした人がいた。その人はまちがいなくイノベーションを起こした人といえよう。

いまではだれもがお世話になる「現金掛値《かけね》なし店先売り」、すなわち定価店頭販売。

江戸時代前期、それまで呉服は一反単位で割高のツケ（掛値）で売られていた。それを現金売りだけにしてツケによるふみ倒しのリスクをなくし、その分安くして店頭で必要なだけ切り売りした。これが江戸庶民に大うけして大呉服商になった越後屋の三井高利、この人もたしかにイノベーションを起こした人である。

戦国イノベーション事情

戦国時代は、どのようなイノベーションがあったのだろう。

十六世紀なかば、ヨーロッパ商人が日本に来航するようになった。いわゆる「南蛮貿易」のはじまりである。

そのころの日本は、群雄時代だった。武田信玄や上杉謙信らの強大な戦国大名による「国盗り」合戦の時代。そこに、まるでタイミングを見計らったかのように、ポルトガル人による「鉄砲伝来」という大事件が起こる。

この新しい武器は、燎原《りょうげん》の火のごとく日本中に広がった。合戦のありさまは一変した。戦国乱世の終息を早めたともいわれる。

鉄砲の影響は、戦術面の革新にとどまらなかった。鉄砲と弾薬の旺盛な需要が生まれたのだ。その需要を満たすため、全国的な流通ネットワークが発達する。

鉄砲は伝来品だが、これも新しい市場を創出した点でイノベーションだといえる。

鉄砲以外にも、ヨーロッパから渡来した品物や文化は、日本に新しい市場をつくった。カステラ、タバコ、地球儀、時計、メガネ、キリスト教、地理学、航海術……戦国時代に入ってきた品物や文化は山のようにある。それらのうち、日本で普及し、あるいは日本市場に変革をもたらしたものは、新しい市場を創出したといえる。

挙げればキリがなさそうだが、「印刷術」については記しておきたい。

ヨーロッパや朝鮮から銅活字が輸入された。それが刺激となり、従来からの版木による印刷術などの改良も進み、出版業が盛んになる下地がつくられた。

江戸時代になると著作物が一気に増える。それは、戦国時代に印刷技術のイノベーションがあったうえ、戦乱がおさまり、人々が出版活動に専念できるようになったからだった。印刷された『太閤記《たいこうき》』が江戸時代早々に出版されたお陰で、そこに記された「納屋助左衛門」を本書でとりあげることもできる。

このように、ヨーロッパからの輸入品は、日本の産業にイノベーションを起こしたが、日本からの輸出品も国内産業に新たな工芸技術の発展をうながした。

刀剣や鎧などの武具は古くから日本の代表的な輸出品だった。そうした日本職人がつくる精緻な細工に注目した宣教師は、蒔絵《まきえ》・螺鈿《らでん》がちりばめられた、より美麗な工芸品を要望した。

これを受けて日本の螺鈿産業が盛んになる。

輸出用の「南蛮漆器」がつくられた。黒漆の下地にキラキラとかがやく金銀の粉、研磨された夜光貝がはなつ虹色の光。そんな漆細工におおわれた飾り箱や箪笥《たんす》などの南蛮漆器は、いまでもヨーロッパの教会や宮殿で珍重されている。

現在も日本の蒔絵・螺鈿技術は世界最高水準にあるとおもうが、それは南蛮貿易の昔からはじまっていたことになる。

貿易銀イノベーション

南蛮貿易時代の日本の最大の輸出品は「銀」である。

武具や南蛮漆器に人気があったのもまちがいないが、ポルトガル商人がわざわざ極東の日本に足しげく通った第一の理由は、銀をもとめたからだった。

なぜ当時の日本に、それほど大量の銀があったのか——それは、「灰吹法《はいふきほう》」という技術が銀の精錬にイノベーションを起こしたからであった。

灰吹法は、鉱石から銀をとりだす工程で「灰」を利用することから、その名がある。効率よく精錬できたため、銀の増産につながった。博多の貿易商によって一五三三年、いまは世界遺産になっている石見銀山ではじめて採用された。

石見銀山のほか、日本最大の銀鉱脈があったとされる但馬（兵庫）の生野銀山など、埋蔵量豊富な銀山の発見もあいついだ。それに灰吹法の技術がかさなり、飛躍的な銀産出量が実現する。南蛮貿易時代の日本銀は、世界産出量の三分の一に達したという。

生野銀山などは「銀の出ること土砂のごとし」といわれた。それは大げさとしても、銀の輸入国だった日本が輸出国へ転じたのは事実である。

日本銀は、貿易銀として世界中で通用した。精錬技術のイノベーションによる豊富な銀のおかげで、環中国海（東シナ海と南シナ海を合わせた海域）の貿易において、日本は優位に立つことになる。

丸木舟から遣明船

助左衛門は貿易商である。貿易を軸にして考えると、「造船」技術のイノベーションがあたえた影響は大きい。造船の進歩がなければ、戦国時代の貿易、しいては国内の商業のありさまは、まったくちがったものになっていただろう。

当時の環中国海を航行した船は、おおむね三タイプある。

ヨーロッパの「ガレオン船」、中国の「ジャンク船」、そして日本の「和船」である。

一般的なことをいえば、ガレオン船は巨大で頑丈、世界中を航海した。スペインの無敵艦隊をはじめ、「南蛮屛風」に描かれている「南蛮船」や「黒船」など、当時のヨーロッパの帆船はほとんどガレオン船やその類型だ。

ジャンク船も、ガレオン船以上に頑丈で、外洋を航海できた。マルコ・ポーロの口述書『東方見聞録』では、世界中の船のなかで「中国船は大きく堅牢である」と折紙がつけられている。ポーロは一二九二年、中国福建省の泉州港からジャンク船でペルシャ湾まで航行した。十五世紀初頭には、中国「明」王朝の武将鄭和が、長さ百メートルを超える大型ジャンク船でアフリカまで到達している。

対して、和船は大きな船もあったが、基本的に外洋向きではない。湖沼河川、内海なら問題ないが、波の荒い外洋に乗りだすには、かなり勇気がいるタイプだった。

違いは、構造にある。

和船は、「丸木舟」(くり舟)だといわれる。つまり、くりぬかれた中が空っぽの船。とはいえ、丸木舟そのものではさすがに外国との貿易に用いることはできない。日本と明との「日明貿易」に使用された「遣明船《けんみんせん》」は、木造日本家屋のように、多くの板材と梁でつくられていた。外板を梁で支えた中空の大船。時代劇などで水路を櫓《ろ》をこいで進む小船があるが、あれをそのまま巨大化したものをイメージしてよい。

ガレオン船やジャンク船はどうかといえば、「竜骨・肋材」や「隔壁」といわれる内部構造でしっかり船体を支えていた。いわば骨組みのある船だった。

空っぽ構造の和船と骨組で支えられた外国船。どちらが頑丈で、外洋の荒波にたえられるかはあきらかだろう。

一四六八年の遣明船団は、現在でいえば積載量百～四百トンほどの船で編成された。四百トンの船は四十メートルほどの長さがあったろうか。ちなみに、日本の一般的な電車の一車両の長さが約二十メートルといわれる。

和船は外板を梁で支えているだけなので、大きいほど変形しやすい。大型の遣明船は、外洋の荒波にもまれれば、変形してひとたまりもなかったろう。そのときの遣明船団は、一番大きい船は外洋航行できず、次に大きかった船も操縦困難だった。結局は、百トンクラスの船だけで明に渡航した。

遣明船は、国内商船を転用して調達された。それらの船は空っぽ構造で船底が扁平。帆はあるが、逆風や無風時には櫂《かい》をこぐタイプの和船だった。そういう和船を、無理やり外洋航行する遣明船に仕立てるのは無謀というものだ——だが、難破の危険をものともせず中国へ向かった商魂は、なんとたくましいのだろう。

遣明船は、風向きによっては東シナ海の横断に一か月近くもかかる場合があった。戦国商人たちは、その間に台風にでも遭遇すれば「海のもくず」になるのも覚悟で出港していたのである。

環中国海を行き来する日本船

和船に外国船の構造や工夫を取り入れ、外洋をより安全に航行できるように改良が進められたのは、十六世紀後半、群雄時代から織豊時代にかけてとみられる。

中国の史料（『籌海図編』巻二）には、そのころの日本で、ジャンク船をまねて波を切って進むように船底をとがらせ、数日で東シナ海を渡れる船がつくられていたという。また、スペイン文書には、その時期に日本船の呂宋来航の記録が散見する。

これは、外洋仕様に改良した和船がつくられ、日本商人がそうした船で南海まで渡航したことを示すものだろう。

助左衛門が、呂宋に渡航したのもこの時代と考えられる。

時代はそれよりすこしくだるが、一六〇〇年のこと、オランダの艦隊がルソン島の西海で一隻の日本船に遭遇した。その船について、航海記は次のように記している。

「この船は非常に奇妙な形をしており、ハシケ（タグボート）のように平底で木製の錨と藁

山下七左衛門の船

(オリバー・ファン・ノールト「世界周航記」)

製のロープを積み、漁船のように帆はムシロと木の皮で編まれ、滑車でこれを上げ下げするが、船の内側は水桶のように手軽にできている」(『朱印船貿易史の研究』)

そえられた絵図を見ると、外洋仕様に改良した和船のようだ。

といっても、ガレオン船にくらべれば、改良されていても和船の特徴である「平底」に見えたのだろう。「水桶のように手軽」とは、梁と外板だけの空っぽ構造をさしている。

この日本船は、百トン積ほどの山下七左衛門という商人の船であった。七左衛門は、艦隊の司令官に優遇された。堂々とした態度の戦国商人だったのだろう(191頁に七左衛門一行の絵あり)。日本から鉄、小麦粉、ハム(塩漬肉)を積みこんでマニラに売りに行く途中だった。同行船五隻のうち三隻は、台風で失ったという。

ちなみに、「小麦粉、ハム」という今風の物が輸出品になっているのが意外な気がしたので調べてみた。どうやら、キリシタンの多かった九州で、そのような西欧人向け食料品が生産され、マニラで人気があったようだ。朱印船貿易では、ビスケットなどとともに定番のマニラ向け輸出品になっている。

ともあれ、十六世紀後半には、山下船のような改良型和船が日本船として南海を往来していたと考えて問題あるまい。

もっとも、薩摩（鹿児島）の大名島津氏は、中国福建省の福州で建造したジャンク船も所有していた。改良型和船だけでなく、島津氏のようにジャンク船を買いとって日本船に仕立てるケースもなくはなかった。

日本の造船は、和船の技術のうえに外国船の技術もとりいれていった。十七世紀初頭、江戸初期の朱印船貿易のころには、黒船に負けないほど大きくて頑丈な改良型和船が環中国海を往来している。

遣明船の時代から連綿と積みかさねられた造船のイノベーションは、より安全に大量輸送できる海運を可能にした。

助左衛門の活躍も、造船インフラが準備されていたからこそであった。

イノベーションの連鎖

ビジネス学者のP・F・ドラッカーは、

「すでに発生していながら、その経済的な衝撃がまだ表れていない変化が、イノベーションの機会となる」(『マネジメント』)

と述べている。「変化」は、イノベーションによってもたらされる。とすれば、この文は、イノベーションによってもたらされた変化がまたイノベーションを起こす機会になる、と理解することもできる。

たとえば、灰吹法というイノベーションが銀増産という変化をもたらす。

銀増産は外国人商人を呼びよせ、貿易が盛んになる。

盛んな貿易で取り引きされる新しい商品が、さらなるイノベーションを引き起こす。

貿易がもたらしたイノベーションは商品流通を拡大し、大量輸送のためのより頑丈で大型の船のニーズを掘り起こす。

そのニーズが造船技術のイノベーションを喚起し、新たな技術で建造された大型船が流通ネットワークや貿易に変化をもたらす……。

そんなイノベーションと変化の連鎖がはげしく渦巻いたのが、戦国時代だった。

拡大する貿易

貿易時代の到来

戦国時代というのは、国内だけでなく、外国との関係も劇的な変化を遂げた。貿易のあり方をシステムとして見れば、戦国時代は貿易システムを根底から変えるイノベーションが何度も起こった時代だった。

室町時代より前の日本は、「東アジアの一島国」である。隣国の中国、朝鮮との接触でさえ断続的で、ほとんど太平洋上に孤立していた。

それが、室町時代になると、中国や朝鮮、琉球と持続的な貿易が行われる。戦国時代に入ると、そのうえにヨーロッパ諸国や東南アジアとの貿易がはじまった。

中国・朝鮮・琉球との持続的な貿易というのは、ひとつは海賊と商人が混在する「倭寇」による密貿易だ。権力がほとんど介在しない商人同士による私貿易だが、中国には私貿易を禁止する「海禁」があったため、「密」貿易とされる。

密貿易を裏の貿易とすれば、表の貿易、つまり権力も介在する公的貿易は、室町幕府と明との「日明貿易」、対馬の宗氏を通じた「朝鮮貿易」、薩摩の島津氏を通じた「琉球貿易」がそれに当てはまる。

戦国時代、新たに戦国大名とポルトガルとの「南蛮貿易」、日本と東南アジア諸国との「朱印船貿易」が加わり、けた違いに貿易量が大きくなる。

日明貿易についてだが、これは、室町幕府が中国の明に対して臣下の礼をとる、すなわち「朝貢」形式の貿易であった。明が発行する渡航許可証の「勘合」を携行する遣明船が、中国の指定する港で貿易を行った。日本側は幕府財政をうるおすという目的。明側は日本側に倭寇の取り締まりを期待したものだった。

十五世紀初頭から約一五〇年間に十九回、参加した船はのべ八十隻余。

はじめは幕府がすべて「船主」として経営した。後に朝廷、寺社や大名も加わる。遣明船に同乗を許された商人は、一定の税（売上の約一割）を支払って貿易に参加できた。一説では、一回の遣明船団で、現在の貨幣価値にして数百億円規模の売上だったといわれる。そのため参加希望商人が続出。九隻一二〇〇人という大船団を送りこんだときもある。

朝貢国は、明皇帝に貢物《こうぶつ》する。はじめは、幕府がこの貢物を用意した。

貢物にたいしては、その何倍も価値のある宝物が朝貢国に下賜《かし》された。朝貢国は一時、港湾都市をふくめて六十ほどにも達した。これは、商人同士による貿易の他に、下賜宝物や明が優遇的な買取をする公貿易があったためだ。そのころの明は、「損をしても、周辺国に朝貢させ、権威と安全保障を確保する」という戦略だった。

ところが、十五世紀後半から、明は朝貢制限策に転じる。さすがに財政負担にたえられなくなったらしい。規模を縮小し、優遇をやめ、関税まで徴収した。朝貢国は、日本、朝鮮、琉球、ほか数カ国に激減する。

明は日本に対しては「十年一回、三隻三百人まで」と制限した。

一方、室町幕府は、戦国乱世への引き金となった応仁の乱（一四六七〜七七）により、財政難におちいった。貢物の用意もままならず、ついには勘合を利権として売り物にした。朝貢制限策によって下賜宝物の「うまみ」がなくなったことも理由かもしれない。

幕府の事情はともかく、大名や商人は貿易の利益をもとめた。勘合の所持をめぐって争いが起こる。争ったのは、有力守護大名の細川氏と大内氏だった。

一五二三年、遣明船の受け入れ港、浙江省杭州湾口の寧波《ニンポー》において、大内船の武士団が細川船を焼き打ちした。明の役人まで殺害して外交問題となる。いわゆる「寧波の乱」である。細川氏はこの事件後、日明貿易に参加できなくなった。

最後の遣明船は、一五四七年の大内船である。その後、大内氏が下剋上によって滅び、日明貿易は立ち消えとなった。

日明貿易時代、大内氏の城下町山口は、その繁栄ぶりから「西の京」といわれた。山水画の「雪舟」や連歌の「宗祇」ほか多くの文化人が集まった。また、大内氏の貿易拠点となった博多は、豪商の町として栄えた。

ただし、山口や博多の繁栄は、日明貿易だけが支えたものではない。朝鮮貿易の利益や石見銀山の収益も大きかった、といわれる。堺商人とならび称された博多商人は、日明貿易と並行して対馬の宗氏を通じた朝鮮貿易にも参加し、その繁栄を築いていたのである。

南海路へ

助左衛門をはじめ、富商が集中した和泉《いずみ》（大阪）の堺は、細川氏による日明貿易の港になっていた。堺がその恩恵を受けたことはたしかである。ただ、堺の繁栄は、日明貿易や朝鮮貿易などによって栄えた博多をもしのいだ。

その繁栄を支えた原動力はいったい何だったのか。

博多にない堺の強みは、畿内の京都や奈良という大消費都市を後背にした点にある。堺は大消費地に商品を供給できたからこそ発展できた。

そのためには、国内流通の拠点というだけでなく、貿易港として機能することも必要不可欠だった。

大阪湾岸には、兵庫（神戸）や尼崎などの港もある。国内流通の拠点としても貿易港としても、それらの港は堺におとらず立地条件がよい。実際、畿内からの遣明船の発着港は、十五世紀前半までは兵庫だった。

堺商人たちは、志向していただろう。

「堺が発展するには、貿易港としての地位をなんとしても確保しなければならない」と。

その思いが実現したのは、十五世紀後半、応仁の乱のころである。

応仁の乱において、四国から畿内に領国を所有した細川氏は、中国西部から九州北部を支配した大内氏と戦う。

乱のさなか、兵庫は大内氏に占拠された。

これが契機となり、細川氏が経営する遣明船は堺を港とするようになる。堺の繁栄は、ここからはじまる。

細川遣明船は、大内氏を警戒し、瀬戸内海経由で北九州を経て寧波に向かう「中国海路」を回避した。土佐の浦戸、南九州の種子島や坊津《ぼうのつ》などを経由して寧波に向かう「南海路」をとった。

この転換は、堺の商人と南九州の商人、その地に来航していた琉球船や中国船（密貿易船）との接触の機会を大いに増やした。同時に、南海路の港湾設備や港をつなぐ廻船ネットワークも整備が進んだ。

「琉球や中国の船が種子島や坊津の港に出入りしている」

「南九州には、琉球やその先の島まで出かけていく連中もおるそうじゃ」

そんな情報に接した堺商人が薩摩や琉球まで行くのは、自然の流れというものだろう。南海路の港と廻船ネットワーク。それがあれば、薩摩から南西諸島を島づたいに航海し、琉球で貿易するくらいは朝飯前であったろう。難破の危険の高い和船の遣明船でも、東シナ海に乗りだすたくましい戦国商人たちなのである。

事実、堺商人がそのころ薩摩や琉球へ向かっていたことを示す文書がある。

一四七一年、室町幕府は薩摩の島津氏宛に、

「今後、堺あたりの船が琉球に渡航するときは、印判を携行していない船は追い返されよ。銭を積んでいたら没収されよ」

と要請している。この文書は、すでに南海路から琉球へ渡航し、貿易を行った堺商人の存在を示している。かれらはこの時期から、日明貿易はいうにおよばず、南海路による薩摩や琉球での貿易に注力していたのである。

一五二三年の寧波の乱以後、細川氏は日明貿易に参加できなくなる。

これにより、細川遣明船の実質的運営者である堺商人は、それまでのようには日明貿易による利益を享受できなくなった。にもかかわらず、堺はむしろその後ますます発展している。つまり、そのころには、遣明船以外の貿易による収益が、堺の繁栄を支えていたわけである。

堺商人は宗氏の朝鮮貿易や博多経由の貿易にも参加した。だが、それら博多商人に主導権をとられやすい貿易より、自分たちが直接取り引きできる、南海路による琉球や中国船との貿易に比重を移していただろうことは、想像にかたくない。

貿易港としての堺の発展は、南海路によって支えられたといっても過言ではあるまい。

アジアの国際貿易圏

戦国時代前半には、日明貿易や朝鮮貿易、琉球貿易以外の貿易も行われた。後期倭寇を通じた貿易も、大きなウェイトを占めたと考えられる。日本商人、とりわけ堺商人と後期倭寇は、どのようにかかわっていただろう。

前項でみたように、堺商人は十五世紀後半には琉球まで達している。ただ、それより先の南海まで行くとなると、さすがに容易ではなかったにちがいない。

当時の和船は外洋仕様ではない（参考26頁）。命のいらない人間は別としても、遠方で台風も多い南海まで航行するには、外洋向きに改良した船が不可欠だったはずである。また、海図や航海術、操船術のノウハウも必要だ。

これを幸いといってよいのか、その解決策は、日本に出入りしていた後期倭寇の中国人密貿易商たちが提供できた。

かれらのジャンク船と航海術なら、当時の和船よりは安全に、南海までの航行が可能だった。九州の商人はもとより、堺商人も、中国人密貿易商たちと関係しながら、南海方面にも進出していったとみられる。

中国人密貿易商のジャンク船、すなわち中国船は、十六世紀前半には環中国海の全域を縦横無尽に航海していた。

かれらは運送も請け負う。船賃をたんまりとられてもよいなら、中国船に便乗して渡海する方法があった。ポルトガル商人たちも、環中国海で自国の黒船が不足しているうちは中国船をよく利用した。そうした運送システムを利用したのか、一五四〇年代には南海方面に進出していた日本人の記録もある。

後期倭寇を構成した中国人密貿易商は、十六世紀の東アジアの貿易において重要な役割を果たした。かれらの正体は、中国沿岸で貿易や海上輸送に従事した人々で、「海商」とよばれる（本書ではかれらを「中国人海商」、同様の日本商人を「日本人海商」という）。

「商売できる相手がいるならどこにでも行く」

中国人海商は明の国策である海禁を犯し、どの国へでも出かけ、自由に商売した。日本、朝鮮はもとより、東南アジア全域で密貿易を行った。とくに朝貢貿易が下火になって公的貿易を利用できなくなるほど、中国人海商たちの密貿易は活発になった。

十六世紀なかば、後期倭寇は大勢力となる。

かれらの大半は中国人海商で、日本人や朝鮮人、諸民族も参加した国際密貿易団というべき集団だった。『明史』によれば日本人は三割だったという。かれらのなかには、凶暴化してまったくの海賊集団に変貌した者たちもいた。明政府は大規模な軍隊で鎮圧しなければならなかった。

それら後期倭寇の本拠地は、鹿児島や五島列島を中心とする九州全域、琉球、寧波がある中国の浙江省沿岸、琉球船の受け入れ港の福州がある福建省沿岸。要するに東シナ海沿岸は、ことごとく後期倭寇の巣となった。かれらは、さらに東南アジア全域にも中国人町を形成した。

九州や堺の商人は、公的貿易の他に、こうした中国人海商を中心とする国際貿易圏に参入し、日本に多種多様な貿易品を持ちこんでいたのである。

貿易商の時代

戦国時代の大豪商は、ことごとく貿易商である。

それは、貿易ならば、海賊と隣り合わせのリスクはあるにせよ、自由に大もうけできる可能性が広がっていたからであった。

助左衛門がなぜ貿易商だったのかといえば、じつのところ、助左衛門にかぎらず当時の商人たちは、貿易商を最終目標のようにしていたからだとおもわれる。

商人である以上は、大もうけしたい。

「大もうけできるのは貿易しかない」

そんな認識が当たり前にあったのではあるまいか。

逆にいえば、日本国内の商売だけでは大商人になれるチャンスは少ない、という認識が広く浸透していたことになる。

商人たちがそのような認識を抱く国内市場とは、どのような状況にあったのだろう。

当時は、まだ中世的な流通障壁がいたるところに存在した。

商品を運ぶ、という商売のもっとも基本的な行為が自由にならなかった。

室町時代は、「公領荘園制」といわれる権力体制が、まだしっかりと生きていた。有力な公家・寺社・武家などの「権門」勢力の支配領域がいりみだれ、土地支配が細分化されていた。

極端な場合、同じ村でも、田畑がちがえば領主が異なるケースもあった。

その細分化された領域ごとに、「関銭《せきせん》」（通行税）を徴収する関所が設置された。

これが商人の活動をはなはだしくさまたげた。

大小領主が乱立した十六世紀初頭、大坂から京都へ淀川をさかのぼるだけで、おどろくことに「何百」もの関所がひしめいていたという。堺の商人が京都で商品を売ろうとして淀川でまともに関銭を払ったら、もうけどころか、赤字をつくりに出かけるようなものだったろう。

関所対策は、あるにはあった。

権門に関銭免除などを保障してもらうのである。

ところが、そのためには同業者組合の「座」に属するか、それなりの税や役務の負担にたえなければならない。座は、権門の保護をうけるかわりに物資の調達や奉仕を専門に行う集団が商人化したものだった。かれらは独占的な仕入販売権を獲得するにいたる。既得権益者の集団だから新規参入は容易ではなかった。

国内の商圏は大小領主や座によって分断され、全国自由な商売は望むべくもない。おのずと商売の規模には限界があった。

時代が進み戦国乱世が深まると、中世的な流通障壁にようやく風穴があく。

下剋上の嵐が吹き荒れ、権門が没落。かわって成り上がったのが戦国大名である。かれらは、軍事力増強の資金確保のため、領国の商業を活性化する政策をとる。

「関所をなくせ」

「この町では座の商人でなくとも自由に商売できることにする」

といった「関所廃止」や「楽市楽座」を採用した。

戦国大名の出現は、流通障壁を取りはらい、商品流通を促進した。

とはいうものの、全体的にみると、戦国時代の国内市場はまだまだ未成熟だ。江戸時代と比較すれば、陸路や海路は未整備であり、国内で生産される商品の種類や量も少なかった。そのうえ、関所や座は完全に撤廃されたわけではない。

一方、当時の貿易は、リスクも大きいが、一面では現代よりも自由に、大きく商売できた。利益率も高い。戦国商人が貿易を志向したのも、むべなるかなである。

戦国時代は制約の多い国内市場ゆえに、商人たちのエネルギーが貿易に向かい、そのエネルギーが貿易をますます活発にした時代だったといえる。

桃山文化を花開かせたもの

戦国時代も末期に近づくと、室町時代から拡大しつづけた貿易もクライマックスをむかえる。中国船との貿易、南蛮貿易、日本船による南海貿易や朱印船貿易が活況を呈し、貿易量、貿易額ともにピークとなる。

活況の背景には、信長、秀吉、家康とつづく統一事業の進展がある。かれら天下人の版図拡大は、国内流通を急速に改善した。その国内流通の恩恵を受けるのは、いうまでもなく商人たちである。とりわけ貿易商たちが最初にその恩恵に浴した。

国内商品の種類や量がまだ少ない分、さまざまな輸入商品がもてはやされた。輸入商品が国内流通に乗り、国内市場を活性化する。国内市場で輸入品が消費されるほど貿易も活況を呈する、という好循環が起こった。

いみじくも、それを伝える文書もある。

秀吉公の時代になって国中山野に金銀がわき出し、そのうえ朝鮮、琉球、南蛮産の綾《りょう》羅《ら》、錦繍《きんしゅう》、金襴《きんらん》、金紗《きんしゃ》などの豪華な織物、ありとあらゆる中国やインドの名物、数えきれないほどの珍奇な品物を、皆がわれもわれもと秀吉公の上覧に供するさまは、まさに宝の山を積むのに似ている。

むかしはまれにでも黄金など見ることもなかったのに、いまではどんな人でも金銀をたくさん持つようになった。

『太閤さま軍記のうち』（著者意訳）

これは、信長、秀吉の家臣であった太田牛一が記したものである。

「国中山野に金銀がわき出した」とあるが、「わき出した」というのにふさわしいのは銀である。金のほうは産出も多かったとみられるが、このころは輸入していた。

牛一は誇張してでも、秀吉の治世を顕彰したかったようだ。

本人は意図していなかったかもしれないが、よく読むと、

「豊富な日本銀で外国商品を輸入し、それらが国内流通にのって、豪華絢爛な桃山文化が花開いた」

という報告になっているのではなかろうか。書かれている品物は、ほぼすべて輸入品なのである。

貿易時代のうらおもて

変化する貿易環境

戦国時代は十六世紀の全期間をふくむ百年以上におよぶ。はじめの日明貿易とおわりの朱印船貿易では、同じ貿易といってもそのありさまがまったく異なる。

その変化がどのようなものであったのか——たとえば、二十一世紀の現在から百年前の貿易をながめてみれば、すこしは感覚的な理解に役立つかもしれない。貨物船の大きさひとつに着目しても、百年前の船の長さは百メートル程度、陸上競技場のトラックにおさまる大きさだ。それが、現在は数百メートルの超巨大船である。東京駅の赤レンガ駅舎ほどの長さもある貨物船が、いま大洋を行き交っている。

テレビニュースで、輸出用の自動車が特大の運搬船に積みこまれる映像を見ることがある。五千台以上の車が積まれるそうだ。百年前のアメリカで生産がはじまった自動車が、百年後には日本で大量生産されて全世界へ輸出される——。

このような船や商品の変化でさえ、百年後のことをだれが想像できただろうか。

戦国時代の貿易環境の変化も、当時の人々にはまったく予測不能であったろう。とめどもなく変化しつづける商環境のなかで、商売を成り立たせていくというのは、本当に至難のわざであるにちがいない。とりわけ、助左衛門が貿易にたずさわった織豊時代から江戸初期にかけては、貿易環境が急速に変化した時期なのだ。

十六世紀前半の騒乱時代、すなわちヨーロッパ人が日本に来航しはじめる一五四〇年ごろまでは、中国人海商との密貿易と平行しながら、明、朝鮮、琉球と大名（大内・細川・宗・島津）権力を介した貿易が行われた。

群雄・織豊時代になると、ヨーロッパ人や中国人海商が、日本銀をもとめてひっきりなしに来航し、密貿易も大っぴらに行われた。貿易港は西日本沿岸、とくに九州である。平戸、長崎は南蛮貿易のメッカとなる。この時期、日本船も南海へ向かった。日本人海商がヨーロッパ商人、中国人海商と自由に貿易した時代といえる。

自由な貿易の流れが変わったのが、秀吉が天下統一を達成した一五九〇年前後である。秀吉は貿易を振興しながら、同時に統制下におこうとした。その動きが朱印状による統制、朱印船貿易へとつながる。朱印船貿易は家康も継承する。

秀吉による天下統一は、経済環境も大きく変えた。

それまで軍事力に向けられていた経済的余力が、国内産業や貿易にそそがれた。外洋向けの大船が多数建造され、日本船は大挙して東南アジアを目指した。朱印船貿易は船舶数、貨物量とも、それ以前の何十倍にも達したのではないか。

このように、戦国時代の貿易環境はめまぐるしく変化した。

その激変のなかでも、変わらず基本構造でありつづけたものがある。

海禁、である。これが貿易時代の大枠になっている。戦国時代の貿易環境は、海禁を軸にして変化していたといってよいかもしれない。

密貿易の底流

海禁というのは、明政府が海賊行為や中国人の私貿易を禁じたというにとどまらない。朝貢以外の外国船が、中国に入港することも許されなかった。とくに倭寇への警戒から、日本船への取り締まりは厳しかった。

十六世紀に入ると、広東省の広州へ外国商船の来航が認められる。東南アジア諸国の商人と、その地に移住していた華僑や華人との貿易を想定した許可だった。税収目的の部分的開港といわれる。

広州は、もともと東南アジア諸国からの朝貢船の受け入れ港だった。

十五世紀後半から明が採用した朝貢制限策は、とくに南海方面の朝貢国を激減させた。これは、広州の中国人海商たちにすれば、たまったものではなかったろう。「出海」（外国に行くこと）は禁じられ、外国商船も入ってこない。かろうじて貿易できる機会であった朝貢貿易もなくなる。要するに仕事がない――密貿易が盛んになり、広州がその中心になるのも無理からぬところがある。

広州開港は、中国人海商の不満をおさえる意味もあった。もっとも、手続きの煩雑さや開港の中断があったりして、あまり密貿易の抑止にはならなかったともいわれる。

東シナ海を中心に大勢力となった後期倭寇も、朝貢貿易の制限と海禁政策の矛盾が生みだしたものである。海商たちの貿易への欲求が大きくなる一方なのに、制約の多い朝貢貿易では欲求が満たされない――密貿易に走らざるをえない、という構造ができあがっていたのである。それに拍車をかけたのが、おりからの日本銀の大増産であった。

「一攫千金に命をかける」

後期倭寇の構成員の思いを一言にまとめるなら、これしかない。

中国人海商の密貿易による利益率は、一時、百倍ほどもあったといわれる。というのも、そのころの中国では、明が発行する紙幣はあったものの、信用のある銀のほうが事実上の通貨になっていた。しかも、慢性的な銀不足だった。それが、日本に行けば中国商品に多額の銀を支払ってくれる――捕まって死罪になるリスクを冒してでも密貿易が盛んになる理由は、結局はその利益率の高さであった。

これに対して明は徹底した取り締まりを行う。一時は浙江省沿岸の倭寇は一掃されたが、根本的な解決とはならなかった。

一五六七年、明は、とうとう海禁の緩和にふみきる。福建省漳州市（厦門《アモイ》市に隣接）にあった「月港」からの出海を認めたのである。月港は台湾の対岸に位置し、密貿易の拠点だった。

出海許可は、台湾や呂宋ほか、東南アジアの指定港への渡航許可証発給によって行われた。中国人海商たちは、許可証を携えて先をあらそうように出海した。

明は、このときも日本への出海は認めなかった。対日本への海禁は継続である。とはいっても、せきを切ったように出海する中国人海商のなかには、海上で日本船と出会貿易を行い、あるいは堂々と日本の港で貿易する者もあとを絶たなかった。日本船が東南アジアへ押しよせるようになると、それら外国の港で日本人海商と出会貿易を行った。

こうして環中国海は、あふれ出る中国人海商、日本人海商、東南アジアの商人がいりみだれる貿易競争で活況を呈する。

この活況を増幅したのがヨーロッパ勢である。

南蛮貿易はじまる

日本の貿易時代は、ヨーロッパの歴史では「大航海時代」にかさなる。

大航海でいち早く中国に到達したのは、周知のようにポルトガルである。

一五一〇代年には広州に到達し、貿易許可をもとめて明政府と交渉を開始していた。バスコ・ダ・ガマがはじめてアフリカの喜望峰を回ってインドに到達してから、まだ二十年も経っていない。このとき、インドのゴアとインドネシアのマラッカはすでに拠点になっている。マラッカまで定期便も就航していた。おそろしく短期間でやってきたものだ。

ヨーロッパ人は、はじめのうちは、マラッカから中国船に便乗し、あるいは買いとったジャンク船で中国までやってきた。一五四三年に種子島に漂着した鉄砲伝来のポルトガル人、一五四九年に鹿児島に上陸したスペイン人宣教師ザビエルも、中国船利用組だった。時代をくだるにしたがい、ヨーロッパ船（黒船）も増えた。黒船の日本初来航は、一五五〇年の平戸入港といわれる。

ポルトガル人が日本に来航する前のことだが、広州に達していたポルトガル商人は、明政府の貿易許可が下りないことに業を煮やし、後期倭寇と密貿易を行った。そのうえ広州から中国東岸を北上し、寧波の沖合にある舟山諸島の港、双嶼《そうしょ》で行われていた密貿易にも参加するようになった。双嶼は後期倭寇の本拠地といわれる。ポルトガル商人は一五二〇年代に双嶼に達した。

「ここは、なんという国なのか」

といわれるほど、双嶼には世界中の人々が集まった。中国・日本・朝鮮人はもとより、黒人もふくめて多様な民族、人種がそろっていたらしい。商人の他にも船員、兵士、奴隷もいた。一五四〇年ごろにはポルトガル人居住者も確認されている。人手不足のポルトガル商人は、東南アジアの航海士を雇っていたという。

双嶼には、中国人海商で後期倭寇の頭目「王直」もいた。この人は種子島鉄砲伝来の際、ポルトガル人に同行していた中国人「五峯」と同一人物だといわれる。

王直は一五四〇年代、松浦隆信《まつうらたかのぶ》に招かれて九州の平戸にも活動拠点をおいた。隆信は、海賊衆「松浦党」の一大勢力から成長した戦国大名。中国との密貿易が盛んになることを期待し、館付きで王直を平戸に招致したのであった。

このような後期倭寇とポルトガル商人の動きをみれば、一五四〇年代にポルトガル人が日本に来航したのは、どうみても「時間の問題」だった。

一五五七年になると、ポルトガルは広州に近いマカオに居住権を獲得する。以後、ポルトガルはマカオを拠点にして中国、日本の間に入って中継貿易を行う。マカオから日本へ年一回は定期便も往来した。これがスペイン船による貿易と合わせて「南蛮貿易」といわれるようになるのである。南蛮屏風でよく見られる大型の黒船は、その定期便が描かれたものが多いとされる。

南蛮貿易は、一六三九年の鎖国令でポルトガル船の来航が禁止されるまでつづく。

ちなみに、世界各国人でにぎわった密貿易港の双嶼は、明政府軍の急襲をうけて壊滅した。一五四八年のことである。しかし、その後も密貿易・海賊勢力による「大倭寇」事件が勃発し、福建省漳州の月港開港という海禁緩和へつながる。

双嶼にいたポルトガル密貿易団の行方は、残念ながら寡聞にしてわからない。ただ、マカオ獲得まで、ポルトガル商人がマカオ近くの上川島で密貿易にいそしんでいたことはたしかである。上川島は、日本を去って中国布教を目指した宣教師ザビエルが、その思いもむなしく病没した地であった。

スペインの場合

スペインは、アメリカ大陸を経て西回りでアジアにやってきた。世界一周中のマゼランを乗せたスペイン艦隊が呂宋に到達したのが一五二一年。一五六〇年代には呂宋の植民地化に着手。一五七〇年代にマニラを建設してここを本拠地とした。

太平洋をはさみ、いわゆる「ガレオン貿易」もはじまる。メキシコの都市アカプルコから主にアメリカ大陸産の銀を、マニラからは中国商品を定期船によって運んだ。海禁緩和によって月港から出海した中国人海商たちはアメリカ大陸の銀をもとめ、絹織物や陶磁器を船載してマニラに殺到した。

銀が豊富にあるスペインは、中国やポルトガルのように日本銀を渇望しなかった。スペインの目的は、呂宋の植民地経営とガレオン貿易である。貿易品としては中国商品の獲得を第一としたようだ。

一五八四年、スペイン船が偶然平戸に入港したことがある。当時の平戸の領主松浦鎮信はこれを奇貨として、定期的な来航をもとめた。が、これはスペイン側が望まず、実現しなかった。その後、日本船がマニラに行くようになるが、マニラから黒船が来ることはほとんどなかった。来る者は拒まずだが、自分のほうからは積極的に日本へ行かないというスタンスがつづいた。

スペインの日本貿易への消極性は、日本銀をあまり必要としなかったという事情もあるだろうが、基本的にはポルトガルとの関係によるものだ。

スペインとポルトガルは、サラゴサ条約（一五二九年）でアジアの領土分割を決めた。いまとなっては信じがたい話だが、各国住民に相談もなく（相談したら反対されるにきまってい

るが）、未完成の世界地図上に
「おおむね、ここから東はわがスペイン領、西は貴国ポルトガル領ということでいかがか」

と線引きしたのである。

それによると、東経一四四度三〇分あたりが境界線である。日本は、ほとんどポルトガル領に入っている。

条約がむすばれたとき日本はまだ発見されていなかったが、結局ヨーロッパ人の世界地図に日本を描き入れたのはポルトガルだった。正式な承認はなかったようだが、スペインは、日本についてはポルトガルに優先権を認めていた。

それゆえ、日本との通商は、主にポルトガルが実績をかさねた。

スペイン領マニラと日本の関係は、その後、秀吉の強硬外交で険悪になった時期もある。家康が積極的に貿易をもとめ、スペインの黒船が日本に来航した時期もある。もっとも、日本の禁教政策によって一六二四年にはそれも途絶した。

当時の日本とスペイン領マニラの関係は、おおよそ「日本からマニラに出かけていって貿易する一方通行的な関係」といえる。助左衛門もマニラに出かけて貿易した。これは、ポルトガル商人がその本拠地マカオから日本へ貿易しにやってきて、日本からはマカオに行かなかったのとちょうど逆の関係であった。

不思議な貿易品

日本人の目をひらいた世界知識

助左衛門は、秀吉の時代に日本船がマニラに押しよせる前から、ルソン島にある他の港で貿易をはじめていたとみられる。日本・呂宋貿易の初期の段階である。そのような草分け的な貿易商たちともなると、

（絶対、海外で、成功する）

という意欲が並大抵のものではなかったろう。むろん、商人なら成功への意欲はあって当然ではある。ただ、強い意欲をもつには、その前提として、「海外」のことをよく知らなければなるまい。夢は漠然としていては夢のままだが、具体的なほど夢へ突き進める。海外貿易をやろうとおもうには、具体的な海外知識が必要だ。

その意味で、ヨーロッパ人がもたらした世界知識は、日本商人に意識改革を起こしたにちがいない。

宣教師たちは、布教の初期、日本人の世界知識について次のように報告している。

「日本人は外国への渡航経験が少ないため、この世界は、『日本』、『中国と周辺国』、『インド』、の三区分でなりたっていると思っている」

このうちのインドについては、中国の向こうがわ、南方からも行ける国としてイメージしていたのか、シャム（タイ）と混同していたらしい。十六世紀なかばごろの一般的な日本人の世界知識というのは、こうしたものだったのだろう。

「三区分」しか知らなかった日本人は、ヨーロッパ人の地球儀や世界地図に刮目《かつもく》した。地図類は日本人の関心の的となり、世界知識を広げる役割を果たした。

天下人の信長、秀吉、家康の三人ともに、地球儀や世界地図についてヨーロッパ人と問答した次のようなエピソードが残っている。世界知識への関心の高さと、三人の視点の違いを表しているようで興味深い。

一五八〇年、イタリア人宣教師オルガンチーノが信長に謁見した。信長は、どこから仕入れたのかはわからないが、地球儀をとりだしてきた。地球儀を見ながらあれこれ質問し、日本の僧侶の知識とまったくちがう宣教師の回答に大いに満足した。宣教師たちが日本にやってきた航路の遠大さを知り、その勇気と強い意思を称賛した。

一五九二年、マニラから使節としてやってきたスペイン人宣教師コボスが、地球儀を秀吉に献上した。秀吉は世界に多くの国があることを知り、それぞれの国情、広さ、距離などを宣教師に報告させた。

ちなみに、この年は朝鮮出兵の初年度である。秀吉が朝鮮どころか明征服の野望に燃えていたときだった。地球儀を見ながら、世界征服を夢想したのかもしれない。

一六〇〇年、家康は、豊後（大分）に漂着したオランダ船リーフデ号のイギリス人航海士ウィリアム・アダムス（三浦按針《みうらあんじん》）と、世界地図を見ながら世界情勢や宗教について夜中まで語りあった。

「ここマゼラン海峡を通って、日本のあたりまで航海してきたのです」

とアダムスが地図をさしていうと、家康は驚き、アダムスが嘘でもいっているのではないかという顔をした。家康は、その航路の気が遠くなりそうな距離と困難をよく理解していたのである。

同じくリーフデ号のオランダ人船員ヤン・ヨーステン（耶楊子《やようす》）も、家康から質問攻めにあい、結局、二人は外交顧問となる。家康は南海へ向かう朱印船を数多く許可した。その背景には、アダムスやヨーステンから得た世界知識があったのである。

天下人ではなく、貿易にたずさわる人々の世界知識はどうだったのだろう。

大隅（鹿児島）の内之浦で貿易船の船頭をしていた一家の話がある。

内之浦は、現在は小惑星探査機「はやぶさ」を打ち上げたロケット基地として知られるが、古来、南方へ向かう船の基地でもあった。

堺から琉球や呂宋を目指す船は四国や九州東岸に寄港して、ほぼ九州最南端に位置する内之浦港にやってくると、ここからいよいよ九州を離れて種子島へ、その先の南西諸島へと針路をとったとみられる。

一五九六年、この内之浦港の船頭一家が、中国へ渡航を試みる藤原惺窩《せいか》を世話したことがある。惺窩は近世儒学の祖といわれ、秀吉や家康にも講義した学者だった。

船頭一家は惺窩を歓待し、その地の役人や商人とおぼしき人々も招いて何日にもわたって談議した。呂宋の瑠璃《るり》盃（グラス）や葡萄酒による宴会も催した。

惺窩は、南蛮製の世界地図を見せられ、かれらの呂宋や琉球での体験談を聞き、

「ああ、世界はなんと広く、日本はなんと小さいのだろう」

と、感慨したのだという。当代一流の学者といえども、実地見聞した世界知識にふれて目からウロコの思いだったようである。

見方を変えれば、内之浦港で貿易にたずさわっていた人々は、当代一流の学者惺窩の目を見ひらかせる世界知識を、当たり前にそなえていたことになる。

南蛮貿易が誘発した貿易戦争

一五四〇年ごろまでの日本船の活動範囲は、日明貿易、朝鮮貿易、琉球貿易の海域、つまり東シナ海が中心で、琉球以南への進出はほとんどなかったろう。造船技術、航海操船術などの問題もあっただろうが、わざわざ危険を冒さずとも、遠方の海域は琉球船や中国船にまかせておけばよかった。

南海まで日本船をくり出すような積極性を日本人海商が獲得するには、いくつかの条件が必要だった。

そもそも、外洋船、航海操船術、世界知識などを獲得しても、「商品」を積載しないことには貿易船は出港させられない。

日明貿易のころの日本の輸出商品は、銅、硫黄、刀剣、漆器、扇子、屏風などであった。銅、硫黄の鉱物の他は工芸品である。おのずと貿易の規模は、それら商品の生産力と相手国の需要による制約を受ける。

十六世紀なかば、その制約をとりはらう出来事が起こった。

産銀量の急増である。石見銀山や生野銀山の発見と「灰吹法」の普及があいまって、産銀量が急伸した（参考25頁）。

銀は、いわば当時の国際通貨である。ヨーロッパでは銀貨が貨幣であり、中国でも銀が実質的な通貨であった。また、貴金属としても高い価値がある。

要するに銀はあらゆる商品と交換が可能。相手国の商品をなんでも入手できた。銀が豊富に産することは、たとえていえば、現代の国際通貨である米ドル紙幣を発行する能力をそなえていたようなものである。

日本人海商がその国際通貨たる銀を船載して外にうって出たのは、まずはお隣の朝鮮だった。李氏朝鮮の公式記録『李朝明宗実録』の一五五三年条には、「日本で銀が多く産出されるようになって日本人が往来して販売するようになり、船も停泊するようになった」とある。

このなかの日本人とは、対馬の宗氏配下の商人ほか博多商人や松浦党を中心とする日本人海商であろう。各地の商人も、博多経由でこの貿易に参加していたはずである。

一方、ポルトガル商人や中国人海商は、自国や他国の商品を日本に運んできては、商品と交換した銀を喜々として持ち帰った。南蛮貿易や密貿易である。

南蛮貿易は、輸入した中国商品を、海禁の対象国であるために中国から直接輸入できない日本へ、マカオからそのまま転売するだけの中継貿易だった。大型の黒船で大量に生糸を運びこむ。中・小型の中国船や琉球船が小刻みに持ってくる生糸より少々安くしたとしても、大量に売って大きな利益を得たとみられる。

どのくらいの利益率だったのかといえば、歴史学者の岩生成一氏の研究ではおおむね十割、少ないときでも五割は確実だったらしい。また、当時の何人ものヨーロッパ人の報告が、マカオの繁栄は南蛮貿易によるものだったとしている。

それにしても、そんな「おいしい商売」を見せられれば、日本人海商も考えただろう。「自分たちで仕入れれば、もっともうけられる」と。

戦国乱世が治まり、信長、秀吉の統一事業が進んで商環境も整ってくる。外洋船の調達も容易になる。世界知識にも通じてきた。豊富な銀を資金にできる。これだけ条件がそろえば、日本船をくり出す商人が続出しないほうがおかしいともいえる。

すくなくとも一五七〇年ごろには、日本船が呂宋に毎年渡航していたことがスペイン文書に報告されている。

一五七〇年ごろというのは、海禁緩和によってあふれ出た中国人海商がわれさきに貿易を行い、ポルトガル商人も南蛮貿易に血道を上げていたころである。そこに日本船も参戦していたのである。

環中国海を舞台にした貿易戦争であった。

日本船は、呂宋をかわきりに南方へ向かう。

威力を発揮した日本銀

一五六三年にマカオを訪れたイタリア商人の報告によれば、そのころの南蛮貿易は、「マカオから日本へは、毎年、生糸を満載した一隻の大きなポルトガル船が向かう。そして生糸の代として銀塊を積んで帰ってきて、これを中国で売っている」という状況であった。このポルトガル船はマカオでは「銀船」とよばれた。ポルトガルにとって、当時の南蛮貿易は楽にもうけられる「おいしい商売」だった。

ところが、約三十年後の一五九五年、スペイン人宣教師の報告では、「日本船がマニラから生糸やその他の商品をもち帰ってくる。そのため、日本にいるマカオの人々（ポルトガル商人たち）は、自分たちが運んできた商品の値段が下落するのを見て、日本船を妨害するのにやっきになっている」と様相が変わった。

南蛮貿易がおいしい商売だった時期は、ポルトガル商人は中国で安く仕入れた生糸を日本で銀に換え、その銀でまた生糸を仕入れて日本へ持っていく。それをくり返せば何倍もの銀に増殖できた。増殖した銀でアジア各地の商品を本国に持ち帰ってボロもうけした。一航海で「うんざりする」ほど稼いだという話もある。

だが、栄枯盛衰のことわり。おいしい商売は、いつまでもつづかないのが相場だ。中国人海商がマニラに生糸を運びこみ、日本船がその生糸を仕入れるようになった。日本の商人は、長崎でポルトガル商人の生糸を言い値で買う必要はなくなったのだ。

日本船に苦杯をなめさせられたのは、ポルトガル船だけではなかった。

日本では一五八七年の秀吉による九州平定のころより、大名たちまで貿易に乗り出した。家康の朱印船時代になると、南海には日本船が怒涛のように押し寄せた。そして、日本船はいたるところで他国の商船を圧倒した。

日本船がやってくると、現地の商品は品薄になった。日本船が掃除機のようにめぼしい商品を吸いとったのである。他国の商人は、日本船がいる間は商売しづらかった。日本人海商はかれらより高い値段で仕入れるからだ。日本銀の威力であった。

この日本銀だが、スペインのフィリピン代理総督モルガの報告にはこうある。

「日本の商人は、毎年十月末と三月ごろの北風に乗って長崎からマニラに来る……かれらは延板にした大量の銀を商品として持ってきて比較的に安い値段で売りはらう」

銀を「商品として売りはらう」という言い方は、延板の銀は、かれらにとって銀貨とは異なる「銀地金」という品物であったからだ。しかし、銀地金であれ、銀貨と同じように世界中の品物と交換できるのに変わりはなかった。

また、ヨーロッパはともかく、日本や中国では、銀は重さをはかってつかう秤量《ひょうりょう》貨幣だった。延板銀一本に足りない取り引きには、切りとって支払った。

当時の国際通貨である延板銀を大量に持ってくる日本船が、どの国でも商売の主導権をにぎるのは理の当然といえた。

南海を往来した商品

日本船は、いったいどのような商品を積みこんでいたのだろう。

日本銀と中国生糸は輸出入品の代表選手である。

いくつかの史料から、当時の輸出入品を国ごとにピックアップして、次頁の表にした。

貿易品は、国内商業を反映する。貿易商が売買した商品というだけでなく、国内を流通した商品でもあるとみれば、当時の日本市場をイメージする一助にもなるだろう。

輸出品は――

銀・銅・めのう・硫黄といった貴金属、鉱産物。

絹織物や帷子《かたびら》・小袖などの織物製品。

刀剣・武具・やかん（銅製）・鋏・扇・屏風・漆器・蒔絵小道具・畳・傘・蚊帳・合羽など職人がつくる実用品、工芸品。

呂宋向けの小麦粉・ビスケット・ハム（塩漬肉）・塩漬マグロなどの食料品。

貿易時代の輸出入品

	相手国	輸出品（日本から）	輸入品（日本へ）
前期	中国（勘合貿易）	銅・硫黄・めのう・刀槍・漆器・扇	生糸・木綿・絹織物・絨毯・銅銭・針・鉄鍋・絵画・陶磁器・白粉・薬種
	琉球	鉄・刀剣・扇・屏風	南蛮絹・金・蘇木・香料・砂糖
	朝鮮	銅・硫黄・蘇木・香料	木綿・大蔵経・人参
中期	中国（後期倭寇）	銀・硫黄・刀剣・武具・扇	生糸・硝石・水銀・陶磁器・じゃ香
	朝鮮	銀・毛皮・扇	綿布
	マカオ（ポルトガル）	銀・銅	生糸・絹織物・硝石・鉛
	呂宋	銀・硫黄・鉄・刀剣・小麦粉	生糸・金
後期	マカオ（ポルトガル）	銀・銅・屏風・畳・小袖・蒔絵道具・所帯道具	生糸・絹織物・金・水銀・亜鉛・陶磁器・南蛮物・鮫皮・薬種・白砂糖
	呂宋・マニラ（スペイン）	銀・銅・鉄・絹織物・帷子・釘・やかん・鋏・刃物・刀槍・武具・漆箱・蒔絵小道具・書机・装身具・屏風・ひばり鳥籠・紙・所帯道具・据風呂・小麦粉・ビスケット・梨・塩漬肉・塩漬マグロ	生糸・布・毛織物（羅紗・猩々緋）・金・『茶壺』・鏡・珊瑚珠・水牛角・ガラス・南蛮物・鹿皮・籐・シュロ・蜜蠟・蘇木・じゃ香猫・蜂蜜・白砂糖・葡萄酒・椰子酒
	台湾	銀・銅・鉄・やかん・雑貨	生糸・鹿皮
	ベトナム（トンキン・交趾）	銀・銅・鉄・硫黄・木綿・帷子・やかん・扇・傘・鏡・所帯道具・据風呂	生糸・絹織物・金・鮫皮・籐・沈香・伽羅・ウコン・シナモン・胡椒・蜜・黒砂糖
	カンボジア	銀・銅・鉄・硫黄・やかん・扇・傘・樟脳・所帯道具	錫・鹿皮・鮫皮・漆・象牙・蠟・水牛角・孔雀尾・蘇木・黒漆・ウコン・胡椒・犀角・薬用植物大楓子・檳榔子・黒砂糖・胡桃
	タイ（シャム）	銀・銅・鉄・硫黄・やかん・刀槍・屏風・扇・畳・傘・蚊帳・合羽・樟脳・所帯道具	鉛・錫・虎の毛皮・鹿皮・鮫皮・象牙・水牛角・珊瑚珠・籐・沈香・蘇木・龍脳・血竭

前期：15 世紀～1540 年ごろ。　中期：～1590 年ごろ。　後期：～1630 年ごろ。

樟脳《しょうのう》は、楠《くすのき》から採れる結晶性物質。現在でも防虫・防腐剤、香料となるが、かつては強心剤など薬剤にも用いられた。

後期の欄にある所帯道具というのは、箪笥《たんす》や机、鍋釜類などだが、据風呂《すえぶろ》（簡易風呂）とともに、日本人移住者向けではなかったかとおもわれる。

輸入品は――

時期、相手国によってバラエティに富む。目を引く品物にしぼろう。

前期の欄を見ると、中国に銅（銅地金）を輸出して銅銭を輸入している。

銅地金があるなら、室町幕府はなぜ日本で銅銭をつくらなかったのか――これは貨幣としての「信用」の問題らしい。貿易の決済にそのまま使用できる中国の銅銭は、日本国内でも信用があった。幕府は、独自に銅銭を鋳造しなくとも、日明貿易を支配して中国銭を独占的に輸入すれば貨幣統制できると考えたようだ。

琉球から蘇木《すおう》・香料を輸入し、朝鮮に同じ品物を転売している。琉球は自国産品のない中継貿易国だが、日本はその琉球と朝鮮の間に入って中継貿易をしていたことになる。

蘇木というのは、東南アジア産の木の心材で、赤色の染料や漢方薬となった。古代から中国経由で輸入されている。織物の染料などにつかわれたが、鎖国時代の十八世紀には中国船による輸入も困難となり、紅花などの染料にとってかわられた。

香料は、食品やその他の物に香をつけるもので、植物から抽出された精油や樹脂、あるいは動物の分泌物だったりする。漢方薬にされる場合もある。沈香《じんこう》・伽羅《きゃら》・龍脳《りゅうのう》・ウコン（黄色の染料にもなった）・じゃ香などがそれである。

沈香・伽羅などは、現代でも香道で重宝される。後期の呂宋の欄に「じゃ香猫」とあるが、これはじゃ香猫から定期的に分泌物をとるため生きたまま輸入されたらしい。

人参（朝鮮）・大楓子《だいふうし》・檳榔子《びんろうじ》・血竭《けっけつ》は、植物やその果実・精油で、犀角もふくめて漢方薬になる。日本国内の薬種業が成長していた様子が想像される。

鮫皮は、南海にいるエイの背中の皮で、硬くてザラザラの皮材。はじめは刀の柄《つか》・鞘《さや》を巻く装飾などにつかわれた。現在はわさび用の高級おろし板に用いられる。

鹿皮は、武具や衣装、足袋などの皮革材料として広く利用された。やわらく丈夫なため、いまでも高級皮革とされる。

余談だが、呂宋では日本船が大量輸入したため鹿が激減した。東南アジア諸国でも、日本人海商が数万から十万枚単位で買い占め、ヨーロッパ商人は不良品しか手に入らないときがあったという。当時の日本は鹿皮で満たされていたのではあるまいか。

中期の欄に硝石がある。これは鉄砲に使用する火薬の原料として群雄・織豊時代の日本で大量の需要があったからである。鉛はおもに銃弾用だった。

こうしてみていくと、大方の品物は、なぜ貿易品なのか理解できる。どの国でも自国にない品物、すぐれた材質、意匠の品物を輸入するのは変わらない。ふつうに需要と供給の関係として理解できる。

ところが、呂宋からの輸入品に、その意味をすぐには理解しかねる品物がある。

「茶壺」

である。茶壺とは読んで字のごとく、茶葉を入れる陶磁器の壺だ。

ただの陶磁器の壺なら当時の日本でも生産できた。華麗な意匠の陶磁器だというなら、中国の物を輸入すればよい。当時の景徳鎮窯（江西省）や龍泉窯（浙江省）などで焼かれた陶磁器は中国の世界的な輸出品である。

呂宋は、そもそも陶磁器の輸出国ではない。また、日本以外には「茶壺」を輸出していない。他国には「商品」とみなされなかったのだ。

なぜこれが、日本だけには商品となりえたのだろう。

不思議な貿易品

「日本の商船は、六、七月の貿易風が吹くころに日本へ帰っていく。かれらがマニラから持っていくのは、中国の生糸のほか、金、鹿皮、蘇木である。また蜜、蠟、シュロ、葡萄酒、じゃ香猫、『茶壺』、鏡、布、その他スペインのめずらしい品物である」

モルガの報告である。

このなかの「茶壺」について、モルガもかねてより注目していたらしく、別にくわしい報告をしている。すこし長くなるが、本書にとってもっとも重要な引用かもしれない。なお、文中のレアルは貨幣単位、タエルは重さの単位である。

このルソン島、とくにマニラ、パンパンガ、パンガシナンおよびイロコス諸州においては、現地人の間に、非常に古い土製の壺が発見される。色は褐色で、外見はよくなく、あるものは中型で他のものはもっと小さく、しるしがあり押印してあるが、どこから来たものかいつごろ来たものか誰も説明できない。というのは、今はもう、どこからも到来せず、また島でも作られていないからである。

日本人はこの壺を探しもとめ尊重しているが、それは、日本人が非常なご馳走とし薬用として熱く飲む茶という草の根が、日本の王や諸侯の間では、この壺にのみ貯え保存されることを知ったからである。日本ではいたるところで、この壺が大変に尊重されており、彼らの奥の間や寝室における最も高価な宝物とされている。

この壺の値段は高く、日本人は、その外側を大変に美しい細工をほどこした薄い金で飾り、金襴の袋に入れておく。中には、十一レアルで二千タエルに評価され売られるものもあり、物によってはそれ以下のものもあるが、ひびが入っていても、欠けていても中に茶を保存するのに不都合ではないので、それによって価値が下がることはない。

現地人は、それらの壺をできるだけよい値で日本人に売るとともに、この商売のために壺を探すのに一生懸命になっているが、今まであまりに急いで売ってしまったので、今ではもうほとんどなくなってしまっている。

『フィリピン諸島誌』

モルガは一五九五年にスペインのフィリピン代理総督としてマニラに着任し、一六〇三年にマニラを去った。『フィリピン諸島誌』は、在任中に執筆がはじまっており、この内容は一六〇〇年前後のフィリピンの状況を表わしている。

茶壺について、モルガはなぜ日本人が「色は褐色で、外見はよくない」壺を異常な高値で買っていくのか、よくわからなかった。だからこそ、このようにくわしく調査した。

その答えとして、「茶という草の根が、日本の王や諸侯の間では、この壺にのみ貯え保存されることを知ったからである」と、一応の理由らしいものを見つけた。

自分の知らない茶という「草の根」だから（茶葉は「木の葉」であるが）、そういうこともありえるのだろうと、自分を納得させようとしたのかもしれない。

茶壺が保存に適していたのはそのとおりだが、それはどの壺でもほとんど変わるものではない。それだけが高値の理由だとは、モルガも思っていなかっただろう。

不思議に思ったのはモルガだけではなかった。

一五九七年、イタリアの商人カールレッチが、マニラから日本船で長崎に入港したときの報告もある。文中の「ある種の土製の容器」というのは茶壺。「日本の国王」は秀吉のことである。


われわれが上陸する前日の朝、当地の奉行の命によって役人どもがやって来て、全船員・全客商・全乗客を検査し、通常フィリピン島およびその近海の島々から積んでくる、ある種の土製の容器をさがした。この容器は日本の国王の命によって、かれがそれを全部買い取ることを欲しているがゆえに、持っているならばそれを申告することを、死刑の罰をもって要求されているものである。

以上のことはだれも信じないかもしれないが、しかし、まったくの事実なのである。わたくしとても、当地到着のさいそれを実見したのでなかったら、閣下にたいして、このような話をいたすことをあえてしなかったであろう。

さらに、通常の価ならば一ジュリオもしないようなこれらの壺が、一個五、六千スクード、いな一万スクードもするということはとうてい申し上げなかったであろう。

『日本の歴史14』


茶壺を買いとるために、マニラから帰港した日本船を徹底的に検査し、申告しなければ死刑に処するというのは、どうみても常軌を逸している。

カールレッチが驚くのも無理はない。

おまけに「一ジュリオもしないようなこれらの壺が、一個五、六千スクード、いな一万スクードもする」と、目が飛び出るほど驚いたらしい様子がよく伝わってくる。

ジュリオもスクードも貨幣単位。一スクードを十ジュリオとすれば一万スクードは十万ジュリオ。カールレッチにはおそらく一万円もしないとみえる壺が十万倍、十億円もするといわれたら、やはり目が飛び出てもしかたなかったかもしれない。

ヨーロッパ人には理解不能の価値を有するこの茶壺は、日本では「呂宋壺」とよばれた。次章以下では、この呂宋壺を追いながら、戦国商人たちの商売魂に近づきたい。案内役は納屋助左衛門である。

コラム——戦国時代の貨幣を円換算する

歴史書を読んでいると、もどかしくなるときがある。「壺一個が一万スクード」や「鉄砲一挺が銀百両」などと、その時代の貨幣で値段が記されているときである——「これは、いまの円の金額でどのくらいなのか」と、つい知りたくなるのだ。

とはいうものの、考えてみると、これは無理な注文だ。

貨幣価値は、その時代と社会の価値観でしか理解できそうもないからだ。

たとえば「米」は今も昔もあるが、現在の米一石（約一五〇キログラム）が五万円だからと、戦国時代の米一石を五万円に換算しても見当ちがいだろう。食料事情も流通も異なる当時の社会では、米は貴重品としてそれ以上の価値があったにちがいないのである。

物の価値は、その時代と社会の価値体系のなかでしか理解できそうもない。

同じ米でも、日本と価値体系が異なる外国での値段がちがうように、現在と戦国時代の米は価値が相違しても当然である。

また、物の値段がほぼ全国一律というのもごく最近の現象である。戦国時代など、地域がすこしでもちがえば、同じ品物に払う銭が何倍も変わった。

そうみれば、昔の貨幣を一般的に円換算するなど、もともと不可能なのである。

だがしかし、である。そうだとしても「壺一個が一万スクード」と書かれていれば、「これは、いまの円の金額でどのくらいなのか」と質問したい気持ちがわいてくる。

ありがたいことに、一般読者向けに「目安」として円換算をあえて提示してくださる学者や歴史家もおられる。よく見うける換算としては、江戸時代の米一石＝十万円というのがある。こうした換算は諸説ある。戦国時代については米一石十万円とも五十万円ともいわれ、一般的な見解はなさそうである。

本書は戦国時代の商人がテーマなので「値段」も出てくる。そこでその値段をイメージする助けになればと次頁のような円換算表を作成した。

管見ながら、米以外の物や賃金の値段などとも比較的に整合性がとれるようにおもえたのが、群雄時代で米一石＝二十万円見当であった。江戸時代は米一石＝十万円説にしたがい、群雄時代から江戸初期までの金、銀、銭、外貨を換算してみた。信長の公定比価、徳川幕府の公定比価、米相場のいくつかのデータを換算の基準としている。

「目安」として「ないよりはましだ」くらいに見ていただければ幸いである。

本書のなかで当時の品物の値段を円換算しているときは、この表に基づいている。

戦国時代の貨幣価値の目安

時代	戦国時代		
区分	群雄時代	織豊時代	江戸初期
年代	1540〜1570年	〜1600年	〜1615年
銭1文	330円	250円	60円
銭1貫文	330,000円	250,000円	60,000円
銀1匁	15,000円	9,000円	5,000円
銀1貫目	15,000,000円	9,000,000円	5,000,000円
金1両	500,000円	380,000円	250,000円
1クルザド	150,000円	90,000円	50,000円

※クルザドはポルトガル、ドゥガドはスペイン、スクードはイタリアの通貨単位。
※1クルザド＝銀10匁で換算。クルザド≒ドゥガド≒スクード

網掛数字を基本数として算定

	信長公定比価（銀相場加味）		幕府公定比価
銭	1,500文	1,500文	4,000文
銀	32.3匁	43匁	50匁
金	4.4匁	4.4匁	

※ 1569年織田信長の撰銭令による比価。1609年の幕府公定比価。
※慶長小判1両＝量目4.76匁金含有4.4匁。計数貨幣。1匁≒3.75グラム

	米1石		
円	200,000円	150,000円	100,000円
銭	600文	600文	1,700文
銀	10匁	20匁	20匁

江戸時代の米1石を現代の100,000円、群雄時代を200,000円相当とし、米相場と公定比価を基にして貨幣価値を円に換算した。大ざっぱな目安である。実際の相場は公定比価どおりでなく、米相場もはげしく変動した。

第二章　秀吉に壺を売らせた男

納屋助左衛門呂宋より帰朝『国花万葉記』挿絵

呂宋助左衛門の登場

大坂城茶壺売り場

呂宋助左衛門、本名納屋助左衛門がはじめて史料に登場するのは、秀吉の一代記『太閤記』である。なにはともあれ、まずはそれを見てみよう。原典をそこなわないように次に現代語訳してみた。なお、文中にある「真壷《まつぼ》」は茶壺の一種で、呂宋から輸入された真壷が「呂宋壺」とよばれる。

堺の菜屋《なや》助右衛門という町人が、去年の夏、台湾や呂宋に渡り、文禄三年七月二〇日に帰朝した。その時の堺の代官は石田正澄だったので、助右衛門は正澄を通して唐傘とろうそく千本、生きたじゃ香二匹を秀吉公に献上し、お礼申し上げた。

さらに五十個の真壷をお目にかけたところ、秀吉公はことのほかご機嫌で、大坂城の西の丸の広間に壺を並べさせ、千宗易などにも相談して、上中下の値札をつけさせ、所望する者はだれでも選びとれと仰せになった。

これにより希望の人々が西の丸にお伺いし、値札にしたがって五、六日のうちにほとんど売れてしまった。
残った三個を持ち帰りたいと正澄に菜屋が申し上げると、秀吉公は、その代金を与えて残りの壺三個を取っておけと仰せられたので、助右衛門は金子をちょうだいした。こうして助右衛門は五、六日のうちに徳人となった。

『太閤記』巻一六―呂宋より渡る壺の事（著者意訳）

ここに登場した「菜屋《なや》助右衛門」こそが、われらの納屋助左衛門である。名前がちがうが、太閤記以後の史料では、これと同じ話はすべて「納屋助左衛門」の名前に統一されている。現在、この「呂宋壺エピソード」の商人を納屋助左衛門とすることに異論はないようだ。本書も納屋助左衛門のエピソードとして話を進める。名前については、またあとでもふれたい。

ともかく、この呂宋壺エピソードは、

「納屋助左衛門が、呂宋から持ち帰った五十個もの真壺を、秀吉の斡旋によって大坂城西の丸で販売し、あっという間に大金持ち（徳人）になった」

と伝えている。

この話は、いったいどこまでが本当なのか。たんなる伝説か、それとも史実を反映したものなのか。ちなみに、この話をまるごと信じたくとも、その思いは「千宗易などにも相談して」の一文によって打ち砕かれる。

千宗易は、茶聖、千利休の別名である。本書では、以下、なじみある利休の名に統一するが、当時は宗易の名で通っていた。

利休は、このエピソードの文禄三年の三年前に秀吉の命によって自害している。ゆえに、このエピソードの年に、利休が呂宋壺に値段をつけたということはありえないのである。

では、まったくの空ごとなのだろうか――。

この呂宋壺エピソードが記載されている『太閤記』は、エピソードから三十年ほどあとの一六二〇年代に、医師であり儒学者でもあった小瀬甫庵《おぜほあん》という人によって書かれている。甫庵は他にも『信長記』などを書いたが、作風が作家的で、その著作には創作や脚色が多いので信ぴょう性が低い、という評判がある。とくに歴史学者の間ではそうらしい。そのため、史実の根拠とされる「第一級史料」とみなされないようだ。

であれば、呂宋壺エピソードも信ぴょう性が低いのだろうか――助左衛門と呂宋壺ビジネスをターゲットにする本書としては、この問題を糸口として照準を合わせていこうともう。

文禄三年七月二〇日

どのような史料にも、信ぴょう性のある部分もあればそうでない部分もある。

呂宋壺エピソードには、信ぴょう性という点でいえば、注意をひく箇所がある。「文禄三年七月二〇日に帰朝した」という部分がそうだ。

公の行事や大事件でもないものが、どうしてこれほどはっきりした年月日で書かれたのか。ただの巷間のうわさ話であったのなら、だれも日付など覚えてはいまい。このように日付まではっきり書かれたのは、元になる資料があったことを示している。日付がわからないときは日付を記さないのが普通なのだ。

もっとも、日付があってもそれが正確とはかぎらないのが、この時代の著作でもある。呂宋壺エピソードは『太閤記』の巻一六に掲載されているが、巻一五では日付が丸一年ずれている箇所もある。たとえば、秀吉は朝鮮出兵のために在陣した肥前（佐賀）の名護屋から、史実としては文禄二年八月二五日に大坂に帰ってきた。これが巻一五では、文禄三年八月二五日になっている。当然、その前後の記事はすべて一年ずれている。

「なんといい加減な」と、おもいそうだ。しかし、この時代には記録の正確さを追究する歴史学はなかった。当時の著作者は、史実の整合性にあまり気をつかっていない。

信長・秀吉の家臣であった太田牛一が書いた『信長公記』では、信長と今川義元のかの有名な桶狭間《おけはざま》の合戦が一五五二年になっている。史実は一五六〇年。八年もずれている。それでも『信長公記』は第一級史料とされる。

小瀬甫庵は、『太閤記』の巻頭部分で、牛一が秀吉の顕彰のために書いた著作（現存せず）を参考にしたと述べている。実際、時系列に大きな乱れがある巻一五の記事とほぼ同じ内容は、牛一の著作の一部といわれる『太閤さま軍記のうち』にもある。

牛一のものは何年分もの記事が日付だけで記されている。甫庵は、親切にもそれに「年」をいれたのだが、その年をまちがえた。現在なら校閲で修正されそうだが、史実の整合性など気にせずそのまま刊行された。当時の史料は、そのような事情も承知のうえで日付を見る必要がある。

『太閤記』には巻一五の他にも、年月日に大きなずれのある巻がなくはない。

しかしながら、巻一六についていえば、呂宋壺エピソード以外の他の記事の年月日は、ほぼ正確だ。

それにくわえて、「文禄三年七月二〇日に帰朝した」というのは、次のような理由によって、信ぴょう性が高い。

もしそれが一年前なら、秀吉は大坂ではなく名護屋にいた。

また、他の史料を見ると、秀吉はこの七月二〇日前後はたしかに大坂城にいた。助左衛門が謁見するとすれば、時期的にはこのころしかなかった。これより後の九月になると、秀吉は伏見に移動している。

また仲介役となっている石田正澄は、この年から堺奉行だが、それ以前であれば大谷吉継などである。

さらに、この年月日は、マニラ使節の渡航記録が傍証になる。

当時のスペイン領フィリピンのマニラ政庁と秀吉政権との間では、秀吉の強硬外交によって緊迫したやりとりが行われていた。秀吉がマニラ政庁に対し、「降伏せよ。応じなければ武力で征服する」と使節を送ったのである。同時期の朝鮮出兵と共通する秀吉外交だった。

この件に関して双方の使節が三回往復した。その三回目のマニラからの使節が平戸に到着したのが一五九四年「八月二四日」。京都に到着したのが同年「九月末日」。この年月日は現在つかわれている暦と同じである。

助左衛門が呂宋から帰朝したという文禄三年七月二〇日は、現在の暦になおすと一五九四年「九月四日」にあたる。

これらの近接した日付は、何を意味するのか。

通常であれば、マニラから帰還する日本船は、季節風を利用して現在の暦の六、七月に日本に着く。前二回のマニラ使節も、日本船に便乗して六、七月に日本へ到着した。この三回目の使節も日本船に便乗してマニラを出港した。

ところが、このときはなんらかの事情で、到着が相当に遅れた。

このころの商船は船団を編成して航海する。使節も助左衛門も、通常より遅れて同じ時期に到着している。ということは、助左衛門が使節と同じ船団のなかにいたと考えるのが自然である。

おそらく、こういうことではなかったろうか。

助左衛門の船は、使節一行が便乗した日本船とともにマニラを出港した。台風や海賊などをさけて台湾や琉球などに停泊しながら、通常より日数をかけて鹿児島に到着した。使節一行を乗せた船団は、そこから九州西岸ぞいに平戸へ向かった。

一方、助左衛門は、鹿児島で使節一行の船団とわかれ、そのまま南海路で堺へ直航した。だから使節の京都到着よりは早く畿内に到着できた。

以上は推測である。が、助左衛門が帰朝した日付は史実を反映している、と考えて問題ないだろう。

呂宋壺エピソードの出所

助左衛門が呂宋から持ち帰ったという品物も、ヒントになる。

「唐傘とろうそく千本、生きたじゃ香二匹…真壺」

これらの品目は、呂宋からの輸入品としていぶかしい物がない。唐傘は、マニラにいた中国人海商から仕入れられる。生きたじゃ香というのは、モルガが「定期的に分泌物をとるために生きたまま呂宋から輸出された」と記しているじゃ香猫のことであろう。

ともかく、貿易品にくわしいはずのない著者の甫庵が、呂宋からの輸入品を的確に列挙している。この件のかなり正確な資料を持っていたにちがいない。

『太閤記』には、外国商品がくわしく記された部分がもう一箇所ある。サン・フェリペ号の記事である。このスペイン船は、マニラからメキシコへ航行中に暴風雨に遭って土佐の浦戸に漂着した。その積荷が詳細に記されている。なお、サン・フェリペ号といえば、船員の「スペインは征服のために宣教師を送りこむ」との発言が、秀吉による二十六聖人殉教事件を誘発したという話でよく知られる。

『太閤記』と同時代の著作では、他に『元親記《もとちか》』がサン・フェリペ号の積荷を記録している。これは土佐の大名であった長曾我部《ちょうそかべ》元親の家臣が書いた。両者異なる品物があるが、数量まで一致する品物もある。『元親記』のものは地元で調査したときの資料に基づいているようだ。『太閤記』のものは、積荷が大坂に運ばれてのちに関係した事務方から、甫庵が聴取した内容とおもわれる。

秀吉政権が獲得した外国商品にかぎらず、『太閤記』には他の伝記や文書にみられない記録がある。これは、甫庵の収集した資料に、政権内にいた事務方から入手したものがあることを示している。

その事務方だが、ひとりは駒井重勝という人ではなかったか。

重勝は、秀吉の奉行や右筆《ゆうひつ》となり、秀吉の甥で関白にもなった豊臣秀次にも仕えた人である。のちに前田利常（加賀藩主三代目）にも仕えた。甫庵も秀次に仕え、利常に仕えた。仕えた人が甫庵とかさなる。甫庵と同世代だったともみられる。二人が接触する機会は多かったろう。

重勝は、文禄時代の第一級史料とされる『駒井日記』の著者である。秀吉の傍にいた人だけあって、日記はその動静にくわしい。関係文書、記録も丹念に書き控え、献上品などもこと細かに記されている。現存する日記は、文禄時代の一部期間だけであり、残念ながら呂宋壺エピソードの文禄三年七月の記事は欠落している。が、『駒井日記』と『太閤記』

でかさなる出来事の日付や内容は整合性がよいのである。

重勝の協力を得たとみるのは推測の域だが、秀吉政権のメンバーのなかに、甫庵の史料収集の協力者が何人もいたのはたしかだ。江戸時代中期に書かれた『常山紀談《じょうざんきだん》』には、利常に仕えた武将のところに、甫庵が『太閤記』を書くために何度も取材に訪れた、という話がある――とすれば、太田牛一の孫も利常に仕えていたから、牛一の史料を入手していた可能性さえある。

ともかくも、そのように多くの人々の協力なしに、秀吉政権の詳細情報や、他の史料にみられない豊富な記事を掲載する『太閤記』は著せまい。

ちなみに、加賀藩の殿さま前田利常は、甫庵にとっては最高の後ろ盾であった。自分の息子も家臣にしてもらい、著作に専念できる環境を提供してもらった。加賀藩に尚武の気風を養うため、利常は戦国時代の生き残りを積極的に家臣にしている。『太閤記』の資料収集に、これほど恵まれた環境もなかった。

呂宋壺エピソードの元資料も、多くの協力者のなかから得たのはまちがいなかろう。また、甫庵自身も、秀次に仕えて秀吉の近くにいた時代の出来事だから、エピソードの概要は聞き知っていたにちがいない。勝手に創作された話どころか、裏づけ資料がしっかり存在するエピソードだと考えられるのである。

とすれば、千利休が値づけをしたという以外のエピソード部分は、史実を反映していると認めてよいだろう。

ついでながら、利休が自害した年とエピソードの年が矛盾するのは、次のような理由によると考える。

そもそも甫庵には、利休の自害の年との整合性をとるという意識はまったくなかったろう。『太閤記』には、整合性をとるべき利休自害の事件は記されていないのだ。

おそらく「秀吉が茶頭《さどう》に相談して呂宋壺の値段を決めた」という情報は元資料にあった。だが、その茶頭の名までは記されていなかった。それゆえ、作家的といわれた甫庵の作風が、そこに有名な利休の名を補うという脚色をさせた。

当時は利休「売僧《まいす》」説もある。つまり「安物茶器を高値で売って暴利をむさぼった罪で自害させられた」とのうわさである。甫庵はそれが念頭にあって、値づけに登場させたかもしれない。それとも、元資料に利休と呂宋壺の関係についてなにか示唆があり、甫庵がそれを値づけにむすびつけたとも考えられる。

いろいろと推測されるのだが、本書では、利休は値づけはしていないが呂宋壺販売とは関係がある、とみて第五章の話を構成した。

エピソードの周辺事情

『太閤記』の呂宋壺エピソードは史実をほぼ反映している——これが、本書の立場である。では、エピソードのような出来事が本当に起こっていた、となると、あらたな謎が浮かび上がってくる。

たとえば、五十個もの壺が途方もない高値で五、六日のうちに完売したのであれば、すでに呂宋壺の市場が活気づいていたとみなければなるまい。本当に、そのような呂宋壺ブームが起こっていたのだろうか。

また、当時、呂宋には自由勝手に行けなくなりつつあった。

日本もマニラ政庁も貿易統制の傾向を強めていた。助左衛門が呂宋壺を仕入れるには、それなりの手続きをふまなければならなかったはずである。手続きをクリアするには、助左衛門が秀吉政権となにか手をむすんでいなければならないが、そのあたりの事情はどうなっていたのだろう。

当時は、マニラ政庁が秀吉による武力遠征を警戒していた時期である。

その外交的緊張関係は、長崎の貿易商原田喜右衛門が呂宋貿易独占の野望を秘めて、秀吉にマニラ遠征を提案したことにはじまる。

このとき喜右衛門を秀吉に取り次いだのは、お伽衆《とぎしゅう》（話相手、相談役）で元京都商人の長《は》谷川宗仁《せがわそうにん》である。秀吉は、この件の責任者を宗仁に命じた。

宗仁は喜右衛門らに使節団兼商船団を編成させ、マニラ政庁との交渉にあたった。呂宋壺エピソードの一五九四年当時、呂宋と貿易するには、宗仁に通じる人脈が必要になっていた。まして、助左衛門が秀吉に謁見して輸入品を献上するには、密貿易ルートではなく、なおさら宗仁監視下のルートで貿易しなければならなかったろう。

さらには、数個ならまだしも五十個もの高価な壺を上覧に供し、それを大坂城で販売するなど、偶然に起こったとは考えにくい。助左衛門は、はなから秀吉の販売協力があることを前提に、壺を集めてきたと考えるのが自然であろう。

つまるところ、大阪城茶壺販売は、計画的に行われた可能性が濃厚である。

こうした呂宋壺エピソードをめぐる周辺事情は、どうなっていたのであろうか――。

まずは、エピソード前後の呂宋壺をめぐる動き、呂宋壺ブームがどのような状態だったのか。それをさぐることからはじめよう。

呂宋壺フィーバー

呂宋壺は「茶壺」であるが、中国からの茶壺の輸入は古くからあった。

茶壷は、高さが三十センチ内外の陶磁器製の壺で、ふつうは肩に耳がついていた。耳というのは運搬用の把手、紐を通す穴がついている。おおむね四耳つきの唐物《からもの》（中国製品）茶壺を「真壺」とよんだらしい。ちなみに、本書の表紙に真壺の絵がある。

真壺は、もとは中国南部で雑器として製造され、酒、香料、薬草などを入れる容器として、日本だけでなく東南アジア各地にも売られたとみられている。

戦国時代、茶の湯の世界では、さまざまな茶道具のなかでも、書院や茶室の床に飾る茶壺が重んじられた。そのうえ唐物人気は十五世紀以来のもので、真壺はそのころの茶人が手に入れたい道具の筆頭だった。

呂宋壺は、中国からではなく呂宋から輸入された真壺である。

モルガの報告（参考70頁）にあったように、呂宋にあった真壺は古い時代に中国から渡ったもので、おそらく目利きが見れば古さ、風格などに優れた名器が多かったのだろう。壺自体は数が多かったかもしれないが、茶人が「呂宋壺」として珍重するものは、短期間に枯渇したようだ。

呂宋壺関係年表

西暦	呂宋壺に関する出来事
1607	島津義弘が家老を派遣して呂宋壺9個を持ち帰る（大迫文書）
1600ごろ	フィリピンでは呂宋壺が枯渇しはじめる（モルガ報告）
1597.6	秀吉が日本船の呂宋壺を調査し買占めはかる（カールレッチ報告）
1595	秀吉が呂宋壺の買入れに二人派遣（フロイス報告）
1595	③秀吉が呂宋壺を召し上げた者へ倍の値段で買い取らせる（当代記）
1594〜95の冬	②秀吉が呂宋壺を安値で買った者から召し上げる（当代記）
1594	①この春呂宋へ渡った商人が持ち帰った壺が安値で売られる（当代記）
1595.1.21	石田光成ら奉行から組屋へ呂宋壺代金請取書（組屋文書）
1594.10	組屋から奉行へ呂宋壺の売上報告（組屋文書）
1594.9.4	★納屋助左衛門呂宋より帰朝して秀吉の斡旋で真壺販売（太閤記）
1593.11.25	秀吉が施薬院全宗が名護屋で得た茶壷を召し上げる（駒井日記）
1593.8.8	長崎奉行経由の呂宋の壺を秀吉が実見（松浦文書）
1591.4.21	千利休、秀吉の命で自害

上表は、呂宋壺関係の出来事を年表にしたものだ。

上表だけで呂宋壺ブームのはじまりがいつごろだったかを知ることはできないが、一五九三年の秀吉の動きを見れば、すくなくともその年までには、すでにブームが起こっていたのは確実である。

秀吉はその年、朝鮮出兵のため在陣していた名護屋において、貿易商たちが呂宋から持ち帰った壺を長崎奉行に集めさせて実見した。呂宋壺の買い占めをやろうとしたらしい。そのとき実見した壺は気に入らず買いとらなかったが、大坂にもどってから、お伽衆の施薬院全宗《せやくいんぜんそう》が名護屋で得た茶壷を金二十五枚で召し上げている。

一六三〇年前後に書かれた『当代記』とい

う歴史書がある。

それによれば、呂宋壺エピソードのあった一五九四年、ある商人が呂宋から壺を持ち帰り、安値で売った。その冬、それを聞きつけた秀吉は、

「日本国の珍宝というべきものを、そのような安値で取り引きしてはならぬ」

といって、壺を召し上げ、翌年になって買主たちに倍の値段で払い下げた。まさに権力にものをいわせた価格操作だった。

一五九四年は、若狭の豪商「組屋《くみや》」も、秀吉政権の五奉行といわれた石田光成《いしだみつなり》らの依頼で呂宋壺を輸入し、大名や豪商たちに壺を販売している。

『当代記』の記事と合わせると、この年、秀吉は助左衛門や組屋による呂宋壺販売で巨利を得るため、その高値維持をはかっていたと考えられる。

翌一五九五年、『日本史』の著者として知られる宣教師フロイスの報告がある。

フロイスは三十年におよぶ日本滞在ののち一時日本を離れていたのだが、再来日して、「秀吉が呂宋壺の買い入れに二人を呂宋に派遣した」と記している。といっても、これは報告したのが再来日の一五九五年で、内容は前年の出来事かもしれない。呂宋壺の買い入れに派遣された二人とは、助左衛門と組屋だった可能性もある。

フロイスの報告で注目すべきは、部外者であるフロイスにまで、秀吉政権の具体的な貿

易政策の情報が届いている点だ。秀吉の呂宋壺をめぐる動きは、周知の事実になるほど公然と行われた活動だったのである。

一五九七年には、マニラから長崎に到着したカールレッチが体験した、壺所持検査の生々しい報告がある（参考72頁）。秀吉が呂宋壺ブームに乗じて巨利を得ようと買い占めをはかり、はては独占販売に狂奔していたのは疑う余地があるまい。

一六〇七年、島津氏がマニラ政庁に贈り物をし、見返りに要望した呂宋壺を受けとったのを最後に、史料的には呂宋壺輸入の記録はみあたらない。このころには、呂宋壺が枯渇し、呂宋壺ブームも下火になりはじめたのではなかろうか。

ひるがえって考えれば、呂宋壺エピソードは、その前後に起こっていた出来事からして、状況証拠的にも史実であると裏づけられよう。

それにしても、呂宋との緊迫した外交関係や貿易統制、あげくに天下人秀吉の呂宋壺買い占めという制約の多い状況にもかかわらず、それらを切りぬけて大坂城茶壺販売を実現した助左衛門とは、いったいどのような商人だったのだろう。

助左衛門のプロフィール

名前が教える商人像

『太閤記』の「菜屋助右衛門」は、なぜ「納屋助左衛門」という名で知られるようになったのだろうか——その手がかりを、堺にもとめてみた。

戦国時代の堺を拠点とした宣教師たちは、「堺は日本の最も富める港で、国内の金銀の大部分が集まる町である」とか、「大商人が多くいるこの町は、ベニスのように執政官が治めている」と述べている。

当時の堺は、東西をつらぬく道路「大小路」を境にして北荘と南荘にわかれ、それぞれに自治組織があった。商業の中心は南荘側にあり、南荘自治組織の集会所は、開口《あぐち》神社の食堂にあったとみられている。

その開口神社の寄進帳（一五三五年）が、戦乱をくぐりぬけて奇跡的に残っている。そこには、築地（土塀）の修理に一貫文以上を寄進した商人一一五人の屋号と名、町名がある。すべての堺商人が寄進したわけではないだろうが、地縁の濃い当時の風習からすれば、すくなくとも南荘の有力商人のほとんどすべてが寄進し、そこに名前があるとみられる。

寄進帳には、七人の「なや」が見える。

この「なや」が、漢字では「納屋」や「菜屋《なや》」「魚屋《なや》」と書かれる。

堺では、港で納屋（倉庫）を貸しつける商人を「納屋衆」といった。納屋衆には、倉庫、金融、貿易、各種問屋なども行う有力商人が多かったらしく、自治組織「会合衆《えごうしゅう》」の中枢を占めたという。会合衆の構成員は十人とも三十六人ともいわれる。一七二〇年ごろの堺商人の手記『糸乱記』は、

「昔、堺の人、家名ありといえども、すべて納屋と名のった」

と、伝えている。ところが、寄進帳を見るかぎり、「なや」を名のっているのは、会合衆もふくまれているであろう一一五人中の七人である。つまり、会合衆の有力な商人であっても、「なや」を屋号にしていない家も多い。

納屋業をやる商家はめずらしくなかったかもしれないが、「なや」を屋号や家名としたのは、すでにかぎられた一族ないし集団だったのだろう。

当時は屋号が家名のようにつかわれるのはめずらしくない。とくに由緒ある家名のない町人は、屋号を家名がわりにした。

室町時代以前は勝手に「なや」を屋号にした商人もいたかもしれないが、寄進帳のころ

には、堺の「なや」といえば、特定の一族集団をさし示していたのではあるまいか。「なや」七人のうち六人までが、市小路という同じ町内に住している。縁戚関係や養子縁組、あるいは「のれん分け」のような特別な関係でむすばれた一族集団だったろう。

菜屋助右衛門は、そのような「なや」一族集団の一員であったかとおもわれる。

同じ「なや」でも、「菜屋」と書けば農産物をあつかい、「魚屋」なら海産物に関係したとみる考えもある。それが正しければ、菜屋助右衛門は、農産物をあつかう倉庫業や問屋業も営んでいたことになる。

ちなみに、千利休の屋号は「魚屋」（「ととや」とも読む）であったという。利休は、海産物問屋も手がける「なや」だったのかもしれない。堺の代表的な豪商「なや宗久《そうきゅう》」は、同じく堺の豪商天王寺屋宗及《そうぎゅう》らが記録した『天王寺屋会記』には、「納屋宗久」と記されている。

ついでながらであるが、「茶会記」についてふれさせていただきたい。

そもそも、戦国時代の商人に関する記録はきわめて少ない。

当時、記録を残したのは、ほぼすべて公家・寺社・武家とその周辺にいて文字を書ける人たちである。かれらは、商人や商業のことを記そうとは考えなかった。「日記」や「軍記」にある品物の購入などの記事に、商人の活動が垣間みえるだけなのである。

そのうえ戦乱でさまざまな史料が焼失したため、戦国時代の商人に関してはわからない部分が多い。

そのなかで、商人の活動を知る数少ない史料として、「茶会記」なるものがある。「茶の湯」独特の茶会の開催記録で、商売については書かれないが、出席者や茶道具、会席に出された料理などが記される。

茶会記は、商人や権力者の交流関係を知る貴重な史料となる。本書も『天王寺屋会記』などの茶会記のお世話になった。

助右衛門と助左衛門

「なや」→「納屋」「菜屋」「魚屋」という図式があるのなら、「菜屋」助右衛門が「納屋」助右衛門となるのはよいとしても、それがなぜ納屋助「左」衛門になるのだろう。

「著者の甫庵が元の資料から書き写すときにまちがえた」という説もある。

が、甫庵という人はそこまでうっかり者だったのだろうか。

これには、「名」についての現代人と中世人との考え方の違いが関係するかもしれない。

現代人は一生にひとつの名をつかうが、中世人は一生のうちにいくつも名をつかった。

家名や氏名は簡単には変わらなかったようだが、通称、実名、法名、号もあれば、幼名や元服名など人生の区切りに名を変えたり、屋号を家名としてつかったり、仕事や立場によって名を変えたりした。

改名も多いが、同時期に名をつかい分けるケースもあった。史料のなかで名がちがっても、調べると同一人物だったというのはよく聞く話だ。

中世人の名は、自己同一性の確認のためにあるより、生活に必要な「標識」にすぎないという考えもある。現代人には助右衛門と助左衛門が同一人物を表すというのは考えにくいが、名を使い分けした中世人には、かえって都合がよい場合があったのだろう。

助左衛門は、あるときは納屋助左衛門、あるときは納屋助右衛門という名で商売をしていたのかもしれない。ふたたび開口神社の寄進帳のお世話になろう。

じつは、二通りの名が記された町人がいる。

天王寺や　助五郎　　やまと屋　五郎右衛門

新　　　　　　　　　左

天王寺や「助五郎」は、天王寺屋「宗及」の別名である。

宗及の場合、津田が家名、宗及は法名、助五郎は通称である。

茶人としては津田宗及が知られた名だが、商人としては天王寺屋助五郎ないし天王寺屋宗及の名で通っていただろう。

宗及の生年ははっきりしないが、このころは十代とみられる。父宗達が息子に代わって開口神社に寄進したのではないか。とすれば、別名の「新五郎」は幼名だろう。

やまと屋「五郎右衛門」は、別行にもう一人、同名の記載がある。親子二人が寄進したものだろうか。息子のほうは父と同じ五郎右衛門の名を継いだが、父と同一視されたくないとき「五郎左衛門」という名をつかっていたのかもしれない。

いずれにせよ、二通りの名が寄進帳に記されたのは、そのとき両方の名がつかわれていた状況を示していると考えられる。

こうみてくれば、助左衛門が助右衛門の別名をつかっていても、それほどめずらしいことでもなかった。

どうやら、『太閤記』の菜屋助右衛門は、菜屋助左衛門とすべきところを著者の甫庵が書きまちがえた、という単純な話ではなさそうだ。それなりの理由があったと考えれば、名前からいろいろな情報が出てくるものである。

助左衛門の痕跡

助左衛門がどのような人物であったかを伝える史料は、数えるほどしかない。

『太閤記』が初出であることは述べたが、その次に助左衛門が登場するのは、半世紀以上を経て刊行された地誌の『堺鑑《さかいかがみ》』や『国花万葉記《こっかまんようき》』のようだ。なお、本章の冒頭78頁の絵は『国花万葉記』の挿絵である。

これらの地誌は、『太閤記』をほとんどそのまま転載している。献上品や大坂城茶壺販売の話がまったく同じなのだ。

異なる箇所は、菜屋助右衛門が納屋助左衛門へ、呂宋への出発が天正年間になっている点である。なぜ、その部分だけが『太閤記』とちがうのか、その理由はどこにも書かれていない。

推測するしかないが、これらの修正は、当時の堺周辺に残っていた伝承や逸文に基づいて行ったものと考えるしかあるまい。

『太閤記』を元にしながらも、あえて助右衛門を助左衛門に書きかえた。それは、地誌編纂の時点で、エピソードの商人が助右衛門ではなく助左衛門の名でよく知られていたという事情を反映したものであろう。

呂宋壺エピソード史料

史料名	史料刊行年	商人の名前	出発	帰朝	献上品等
太閤記	1620 年代	菜屋助右衛門	去年	文禄 3 年 7 月 20 日	傘蝋燭千本 生きたじゃ香 2 匹 茶壺 50 個
堺鑑	1684 年	納屋助左衛門	天正初夏	文禄 3 年 7 月 20 日	
国花万葉記	1697 年	納屋助左衛門	天正初夏	文禄 3 年 7 月	
続日本王代一覧	1710年ごろ	納屋助左衛門	天正初	文禄 3 年 7 月	
和漢三才図会	1712 年	納屋助左衛門	天正年中	文禄 3 年	
和泉名所図会	1796 年	納屋助左衛門	天正年中	文禄 3 年 7 月	

呂宋に出発した年に修正があるのは、助左衛門が文禄（一五九二〜九六）ではなく、天正（一五七三〜九二）から呂宋へ渡っていたという伝承があったからだろう。

江戸時代中期になると、歴史書『続日本王代一覧』や百科事典『和漢三才図会《わかんさんさいずえ》』、名所案内『和泉名所図会《いずみめいしょずえ》』に呂宋壺エピソードが記されている。これらには「利休」の名は出てこない。十八世紀の著作者たちはさすがに利休自害の年との整合性を無視できなかったのだろう。とはいえ、それ以外は『堺鑑』とほぼ同じ内容になっている。

帰するところ、呂宋壺エピソードは、『太閤記』に「菜屋助右衛門」→「納屋助左衛門」、「去年（文禄）」→「天正」という修正を加えた『堺鑑』の内容で固まっている。

豪勢な邸宅

呂宋壺エピソード以外の助左衛門に関する情報は、堺の大安寺にある。というか、おそらくそこ以外には、まとまった情報はどこにもない。文献としては、『和泉名所図会』の「大安寺」の紹介記事がもっとも古いようだ。それには、助左衛門が寺に邸宅を寄進したという記述がある。

そもそも当寺の方丈（禅寺の本堂）は、もとは堺の住人納屋助左衛門の居宅である。この者は富裕にして、書院に七宝をちりばめ、庭に珍花を植えて利休好みにしたがった。あるとき、松永久秀がやってきた。あまりの美麗さを見て「ひとつとして欠けるところがない。満つれば災を生ずる」といって、刀剣で柱に切りつけた。その痕が今もある。助左衛門は禅法に帰依していたので、この書院を寄付し、ここに残ったのである。

『和泉名所図会巻二』大安寺（著者意訳）

『和泉名所図会』の著者秋里籬島《あきさとりとう》は、京都の読本作家である。出版した『都名所図会』が行楽、旅行ブームで大当たりしたのを契機に、各地を取材して名所案内を制作した。この

「本堂寄進エピソード」は、堺で取材した大安寺の伝承のひとつだろう。

ほかにも、大安寺には、本堂について「助左衛門が秀吉の忌諱にふれて日本を去ることになったとき、その邸宅を寄進した」という伝承があるらしい。

じつのところ、堺の町は大坂の陣の一六一五年にことごとく焼き払われている。そのとき町の中心にあった大安寺も灰燼に帰した。

その後しばらくして、新しい町割（都市計画）によって現在の場所に移転したが、本格的な再建がなったのは天和（一六八一～八三）になってからだった。本堂は、このとき建てられた。助左衛門の生きた時代から一世紀ほどが経過している――ということは、「本堂寄進エピソード」は、まったくの伝説なのか。

本堂は、現在も重要文化財の建物として健在である。最近、保存修理された。

奇しくも、その際に、もともとは別の場所にあった十七世紀前半ごろの建物の部材を再利用し、現在の地に建てられたことが判明した。室内には、いかにも桃山文化らしい狩野派の豪華な障壁画もある。それもまた寸法を調整して再利用されたものだという。

現在、大安寺の本堂は、どこからか移築されたものであり、移築前の建物は富裕な豪商の書院造の邸宅だったと考えられている。

その富裕な豪商が、助左衛門だった可能性はあるのか。

その気になってさがせば、史料は出てくるものらしい。幕末のころの『大安寺由緒書』に、天和のころの住職・大円和尚が、魚屋《なや》助左衛門の故宅が売りに出ていると聞いて、本堂建築のためにこれを買いとって移築した、という伝承があった――なるほど、である。助左衛門が寄進したという話よりは、こちらのほうが信ぴょう性がある。

といっても、『大安寺由緒書』のいうとおりなら、大坂の陣のときに助左衛門の故宅は火災をまぬかれていなければならない。このことから、助左衛門の邸宅は、堺の市街から離れたところに建てられていたという見解もある。考えられなくはない。

ほかにも、助左衛門の邸宅ではなく、朱印船貿易家の西類子《にしるいす》の邸宅を移築したのだという話もあった（『老圃歴史』）。

とどのつまり、大安寺の本堂は十七世紀前半ごろの豪商の邸宅が移築されたことは確実で、その豪商については助左衛門と類子の二人の候補がいるのである。

あとで述べるように助左衛門が十七世紀前半、江戸初期に日本にいた可能性は低い。伝承をなるべく活かして考えれば、次のような可能性が考えられる。

助左衛門の豪華な邸宅は、かなり早くに堺市外に建てられていた。助左衛門は日本を去ったが、邸宅は補修されながら堺の豪商たちに受け継がれた。

一方、西類子は、文禄年間には呂宋に移住して貿易に従事していた。

当時のマニラの日本人町は三、四百人規模である。助左衛門とマニラで面識をもつ機会は十分にあり得た。類子は、その後、朱印船貿易家として成功した。長崎を本拠としていたが、元和(一六一五〜二四)には堺に邸宅をかまえた。類子がその当時も残っていた助左衛門の故宅を買いとり、再利用したり、移築したりして使っていたとしても不思議はない。当時は建物の再利用、移築は当たり前に行われている。

類子は一六四六年に没した。そして、天和年間に、大安寺の大円和尚がその故宅を買いとって本堂に移築した。

助左衛門と久秀と利休

本堂寄進エピソードに松永久秀や利休が登場するは、どのような意味があるのだろうか。寺社の伝承は、なんらかの史実を反映している場合も多い。

助左衛門がみずから邸宅を寄進したのがいまの本堂だ、とするのは無理がありそうだが、本堂が助左衛門ゆかりの建物である可能性はあった。同じように、そこに書いてあるとおりでなくとも、エピソードは助左衛門と松永久秀や利休との関係を示唆している、とも読みとれる。

松永久秀という人は、阿波(徳島)の戦国大名三好長慶の家臣としてスタートし、大和

（奈良）の戦国大名にまでのぼりつめた武将だった。晩年は信長の家臣となったが、信長を裏切ったために攻め滅ぼされた。下剋上の権化のようにいわれる斎藤道三や宇喜多直家とともに、よく戦国の三大梟雄《きょうゆう》といわれる。

三好時代から信長時代まで、久秀の活動はほとんど堺近辺である。堺衆の茶会にも、しばしば顔を出している。助左衛門と久秀が接触する機会はいくらでもあった。

留意すべきは、久秀の没年が一五七七年であるという点だ。久秀が助左衛門邸の柱を傷つけたというなら、助左衛門邸はそれ以前から存在していたことになる。

それにしても、久秀が助左衛門邸を訪れたのはあり得るとしても、その豪華さを戒め、「満つれば災を生ずる」といって柱を傷つけたというのは、いかにも時代がかっていて信じがたい。

司馬遷『史記』の「月満つればすなわち欠く」からきた言い回しらしい。

これは、『和泉名所図会』が書かれたころに流行っていたのかもしれない。

著者の籬島は、伝承を正確に伝えるより、記事をおもしろくすることに重点をおいていたはずである。流行語をつかい、誇張し、脚色を加えたりして「名所」に客を呼びよせるのがかれの仕事であった。現代の広告代理店と同じといったところだろうか。

とはいうものの、いまも残る本堂の柱の傷は久秀がつけたとみるほうが、ロマンがあるのもたしかだ。

助左衛門が、庭の造作を「利休好みにしたがった」とある。

これも、籬島の「名所」づくりの可能性はある。

しかしながら、『大安寺由緒書』の「魚屋」助左衛門の表記など、随所に助左衛門と「魚屋」利休とのつながりらしきものも示されている。助左衛門が納屋一族であれば、納屋一族の一角を占めた利休と交流があっても不思議はあるまい。

大安寺は、もともと助左衛門が寄進を行ったりして縁があったのか。その邸宅を本堂に移築したことで助左衛門との縁をふくらませたのか。ともかくも、堺にある多くの寺社のなかで、助左衛門の伝説・伝承が豊富なのはここだけである。

黄金の日々

大安寺には、『大安寺の記』というのもある。

幕末の幕臣で明治時代の政治家、山岡鉄舟が、明治十八年（一八八五）に額に書いた助左衛門の一代記である。書の達人として知られた鉄舟が、大安寺の要請に応じて書いたといわれる。

歴史学者の泉澄一氏がその一部を次のように紹介されている。

堺の豪族魚屋助左衛門は、生来豪胆で気宇広く、異国貿易に従事していたが、乱世の機に乗じて百余人の手下を率いて海を渡り呂宋を攻撃した。呂宋の国王は兵もなく、和を乞うた。助左衛門は多くの産物を持ち帰り富豪となり、姓を呂宋と改めた。信貴山城主・松永弾正（久秀）は助左衛門を三千石で召し抱えようとしたが、助左衛門は断った。

『大安寺の記』の一部

泉氏の言に、「この『大安寺の記』は、『太閤記』の記述や伝説、伝承が混然となったものので、史料としての価値は疑問である」とあるが、まったくそのとおりだ。内容は、ほとんど虚構だろう。

が、すくなくとも、その虚構を組み立てる材料が大安寺には集積していた。「助左衛門といえば大安寺」という認識が広まり、あちこちに散逸していた助左衛門や呂宋貿易の情報が、大安寺に集まっていたのかもしれない。歴代の住職が、そうして蓄えられた情報を次の住職へ伝え、その集大成が『大安寺の記』として結実した。そういう経緯があるのではなかろうか。

不思議なのは、助左衛門の時代から三百年も経ってから、なにゆえこのような形のエピソードがつくられたのかという点である。

「乱世の機に乗じて百余人の手下を率いて海を渡り呂宋を攻撃した」とある。

これは、助左衛門ではなく、当時の海賊的日本人海商たちの姿にかさなる。

十六世紀後半、日本人海商のなかに、呂宋でこの種の海賊的行為をした者がいた史実はたしかにある。堺商人のなかにもいたことだろう。しかし、外国史料などの研究が進んだ近年になってようやく、そうした史実が知られてきたのである。『大安寺の記』が書かれた明治十八年の時点に、日本人海商の呂宋での行為を、学者でもない住職たちがどうやって知り得たのだろう。現代でも、専門家でなければ知らないかもしれない。

そう考えると、明治のころまで、堺の商人には、戦国時代の貿易の実態がかなりくわしく伝承されていたと考えてよいのではあるまいか。

江戸時代には、海賊的な行為を文書に記述することははばかられる。海賊行為は厳しく取り締まられたからだ。

しかし、昔、海賊行為が貿易と隣り合わせの時代もあった。海外に雄飛する冒険家的貿易商の時代。堺がもっとも繁栄し、輝いた時代。まさに黄金の日々の堺である。

その古きよき時代の話は、商人魂を奮い立たせる話として、堺の商人たちの間で脈々と語りつがれていったのではなかったか。

伝承の世界にしかいなかった戦国時代の貿易商たちの姿は、明治になって助左衛門というひとりの伝説的商人に集約されて文書に表された。

そんな情景が、『大安寺の記』に透けて見える気がする。

ただし、明治という時代は、伝承をゆがめずにはいなかった。

明治の空気は、「乱世の機に乗じて百余人の手下を率いて海を渡り呂宋を攻撃した」ことを海賊行為ではなく、気宇壮大ととらえた。

「呂宋の国王は兵もなく、和を乞うた。助左衛門は多くの産物を持ち帰り富豪と」なるのは略奪ではなく、誇るべき成果とみなした。

『大安寺の記』には、あきらかに明治の帝国主義的な価値観が織りこまれている。武力的勝利者を英雄視するという明治のフィルターによって、十六世紀の弱肉強食のありさまが強調されている。

そこに描かれているのは、助左衛門とはまったく異なる海賊的日本人海商であると読みとらなければなるまい。

ただ、明治のフィルターがかかってはいても、『大安寺の記』が描いているのは、戦国時代の貿易商たちの一面のありさまでもあった。助左衛門は『大安寺の記』が描く海賊的日本人海商たちとも対峙しながら、真正面から海外貿易にチャレンジした、たくましい商人であったとおもいたい。

真壺需要にのる

これまで紹介した史料以外に、納屋助左衛門を考える根本史料となりそうなものは、残念ながらほとんどみあたらない。

ほかに納屋助左衛門の名前を確認できたものには、作者、成立年とも不明の『慶長以後年代記』、大坂の茶人稲垣休叟《いながききゅうそう》が一八一六年に著した『茶道筌蹄《ちゃどうせんてい》』がある。といっても、これらは、根本史料というより、後世の人がそれまでの史料に基づいてイメージした助左衛門像といってよいものである。

『慶長以後年代記』には、呂宋壺の話はない。助左衛門が「日本に傘、蝋燭を伝えた最初である」と書かれている。しかし、傘や蝋燭は、その種類を問わなければ奈良、平安の時代から日本にある。『太閤記』や江戸時代に出版された地誌、百科事典などの史料を組み合わせて、読者の興味をひくように書かれたものだろう。

『茶道筌蹄』は、巻三で茶道具の解説をしている。その「真壺」の欄に「呂宋」とあって、次のようにある。

むかしは、なんとしても真壺へ茶を貯えた。だから、壺がない者は、口切の茶湯をできなかった。もっとも「呂宋」を上品とした。豊太閤の時代、真壺をもてはやしたために世間に不足した。よって堺の納屋助左衛門、太閤の命を受け、呂宋へ渡り、壺五十個を持ち帰り、利休が品をさだめて諸侯へ分けた。

『茶道筌蹄』巻三　真壺―呂宋（著者意訳）

「堺の納屋助左衛門、太閤の命を受け、呂宋へ渡り」という部分だが、これは、『太閤記』の呂宋壺エピソードを念頭に、著者の休叟が推理したか、それまでに茶人たちの間で考えられていた説を記したものかとおもわれる。本書も、基本的には似たような考えに達している（参考91頁）。そのように考えるのが、やはり自然であろう。

この『茶道筌蹄』の記述には、とくに注目すべき箇所がある。

「（真）壺がない者は、口切の茶湯（茶事）をできなかった」という部分である。なぜなら、口切の茶事をできないことは、当時、茶人と認められないほど重要な意味があったと考えられるからだ。

口切の茶事は、その年摘んだ茶葉を壺の中で半年ほど熟成させ、それを取り出すために壺の封を切り、新茶をはじめて味わう行事である。いまでも「茶人の新年、お正月、一年のはじまり」といわれ、茶道においては格別の行事とされている。

「豊太閤の時代」は、公家、僧侶、武士、町人の裕福な人はほとんどすべてといってよいほど茶の湯に傾倒していた時代である。そのような風潮のなかで、真壺がなくて口切の茶事ができなくては、なんのために茶の湯をやっているのかわからない、といわれるほどの話であったにちがいない。

「真壺をもてはやした」需要が、広く根深いものであったと想像される。

真壺の一種である呂宋壺のビジネスが成立するには、当然ながら、そのような真壺需要が根底にあったことが前提になろう。

生年と顛末

助左衛門が登場する史料を紹介してきた。まず史料をベースにして助左衛門像を明らかにできればとおもったからである。史料は、しかし、これまでに紹介したもので、ほぼすべてのようである。頼みの「茶会記」にも、どこにも名前がみあたらない——つまり、史料的には、助左衛門は生年も没年さえもわからない。呂宋壺エピソード以外には、大安寺の本堂寄進エピソードがある程度なのである。

「たったこれだけ！」

とおもったが、戦乱が治まり、出版業も盛んになった江戸時代に比べ、圧倒的に史料が不足している戦国時代の人物である。これもいたし方ないことなのかもしれない。
ただ、直接的な史料がなくとも、いくつかの史料から総合的に推理、類推して、助左衛門像をもうすこし具体的にできるのではないかとおもう。

まず助左衛門のその後について——手がかりがないということが、そのじつ手がかりになっている。

助左衛門は、呂宋壺エピソードによって、すくなくとも文禄三年（一五九四）には「徳人」になった。ところが、徳人になったその後の活動の痕跡が見つからない。
もし、十六世紀末から江戸初期に活動していた堺の有力商人なら、朱印船貿易家や糸割符仲間、茶会メンバーとして、あるいは日記、取引帳簿や由緒書き、寺社の記録などに何らかの痕跡を残していてもおかしくない。戦乱がほぼ終息し、膨大な史料が残りはじめた時代なのである。

その痕跡がまったくないのは、呂宋壺エピソードのあと、それほど時を経ずして助左衛門が日本からいなくなったからだと考えられる。記録が存在しないのは、そもそも日本にはいなかったからだろう。

なぜ徳人といわれる人が、その立場を捨てて海外に出て行ったのか——それは、朱印船貿易家たちのように、秀吉や家康の貿易統制下で商売する道を選択しなかったからであろう。呂宋壺エピソードでは、秀吉と手を組んでいるようにみえるが、長つづきしなかった、というところではなかろうか。

大安寺の伝承に「秀吉の忌諱にふれて日本を去った」とあるが、たとえば、助左衛門が秀吉の要求にしたがわず、勝手に日本を去れば、やはり「秀吉の忌諱にふれた」として伝えられただろう。

では、助左衛門は、日本を去ってどこに行ったのか。

カンボジアに行った――というのが、ほとんど定説になっている。

根拠は、佐賀の寺院が保管している書簡史料『泰長院文書』にある。佐賀藩主宛のカンボジア国王の書簡に、

「助左衛門という船主が、不正をはたらく日本商人をよく取り締まってくれる。また、難破した船の救助なども誠実に行ってくれる。だから監理（管理者）に任じ、日本との文書のやりとりにも協力してもらっている」

という旨が書かれているのである。

この書簡の「助左衛門」が、「納屋助左衛門」である確証はどこにもない。助左衛門と

いう名は、それほどめずらしい名ではないからだ。

それでもなお、多くの人は、このカンボジアの助左衛門が納屋助左衛門であると考えている。本書も、史実の追究が目的ではないのでこの説にしたがう。史実はともかく、そう考えたほうが助左衛門が輝いてくる。


生年であるが、これがわからないと、なにもかもが曖昧になってしまう。

手がかりはない。が、呂宋壺エピソードの一五九四年のころが、人生のなかでもっとも油がのる四十代ではなかろうか。秀吉を相手に商売ができたのは、油がのりきった助左衛門が経験、知識ともに充実していたからだとおもわれる。

そうであれば、カンボジア国王にその誠実さを認められた一六〇七年ごろは、五十代である。それ以上の高齢になると、「新天地」のカンボジアで活躍するのは年齢的にむずかしそうだ。逆にそれ以上若いと、一五七七年に死んだ松永久秀との接触がむずかしくなる。久秀との交流があり、豪邸もあったのは一五七〇年代で二十代となる。豪邸を持つには若すぎるというきらいはあるが、呂宋壺エピソード時の助左衛門を四十代とみるのは、まず順当な線ではなかろうか。

と考えると、助左衛門の生年は、一五五〇年前後という線におちつく。

プロフィール

ここまで述べてきたことを、助左衛門のプロフィールとしてまとめれば、次のようになる。助左衛門をより具体的にイメージするための土台である。

［納屋助左衛門／堺の貿易商］

・生まれは一五五〇年前後。
・いわゆる納屋衆のなかでも、「なや」を屋号ないし家名とした一族集団の一人。
・助右衛門と名のっていたこともある。
・天正（一五七三〜九二）には呂宋へ渡航し、貿易に従事した。
・一五七七年までには堺に邸宅をかまえ、松永久秀と交わりがあった。
・一五九四年九月（文禄三年七月）、堺の代官であった石田正澄を介して、豊臣秀吉へ傘、蝋燭、生きたじゃ香猫二匹を献上し、呂宋の真壺五十個を上覧に供した。秀吉は大坂城西の丸広間に陳列し、これを上中下に値づけして希望者に販売した。当時は茶の湯が流行し、茶道具が高値で売買されていた。なかでも真壺の需要が高かった。そのなかで呂宋壺ブームが起こっていた。助左衛門の呂宋壺は五、六日でなくなり、残った三個も秀吉に買いあげられた。五、六日で徳人になったといわれるほど、このとき大きな利益を得た。

・大坂城呂宋壺販売からほどなくして、秀吉の忌諱に触れ、日本を去った。

・一六〇七年、カンボジア国王の信任を得、日本貿易の監理（管理者）となった。

・没年は不明。

第三章　納屋の助左衛門

堺の商人

宗久と利休

助左衛門が堺の納屋一族の一員であれば、一族の大豪商「納屋宗久」や茶聖「納屋（魚屋）利休」（千利休）とは、どのようなつながりがあったのだろう。

宗久や利休は、堺を代表する商人だった。この二人については知られていることも多い。助左衛門の人物と活動も、関係があっただろうこの二人を手がかりにすれば、おのずとその輪郭が浮かび上がってくるにちがいない。

宗久と利休は、天王寺屋宗及とともに堺屈指の豪商であり、信長、秀吉の茶頭でもあった。茶の湯の世界では、「天下三宗匠」といわれる。三人とも一五二〇年前後の生年。一五五〇年前後の生まれの助左衛門とは約三十年、一世代ちがう。

堺の商人は、「堺商人」や「堺衆」と一くくりにされることもある。そのなかには、何代も前から富豪の「名門商人」もいれば、一代でのし上がった新興商人もいた。地方からの進出商人もいる。有力な商人は大名を顧客にし、中小の商人は小名を顧客にした。元請け、下請けもあれば、業種による力関係もある。同族でも上下の階層はあったろう。

堺の自治組織である会合衆は、有力商人たちが選ばれ、合議による町政を行った。信長時代に代官はいたが、有力商人たちによる町政はつづいた。秀吉時代になると、自治の象徴となっていた防御施設の環濠が埋められ、町政はしだいに奉行（代官）の支配下におかれていった。

助左衛門が活躍した群雄・織豊時代の堺は、会合衆の自治から代官、奉行による支配へ大きくさま変わりした。その間も、宗久・利休・宗及の三人は、会合衆の上位に位置し、ほぼ堺商人のトップを維持していたと考えられる。

ただし、宗久の立場は微妙であった。

名門出身の利休と宗及は、堺の名門商人たちとのつながりが深かった。

対して、宗久は、近江の地侍「今井」家の末裔で、奈良の今井町にも住していたという。家名を今井とし、「今井宗久」ともいったが、前半生のことはさだかでない。ただ、縁あって堺の納屋宗次の家に世話になったのだという。商才が認められ、養子になったか、納屋を名のることを許されたのだろう。

宗久はさらに、利休の茶の湯の師匠でもある名門武野（皮屋）紹鷗《じょうおう》の娘婿になり、武野家の嫡男宗瓦《そうが》が幼かったため、後見役にもなった。

宗久は、まさに彗星のように堺に現れ、名門商家の地盤をそっくりそのまま自分のものにしてしまった人なのである。

これは名門商人たちにはおもしろい話ではなかったろう。納屋一族も名門ではあろうが、納屋を名のってはいても、宗久は納屋一族集団のなかで、はじめのうちは異端児扱いされていたと推察される。

のちに武野家の相続問題で宗瓦ともめたときは、信長の仲介があってようやく収拾した。名門商家のなかに、宗瓦に加担する者があって紛糾したためだ。

信長がはじめて畿内に進出し、有無をいわさず堺に矢銭（軍用金）二万貫を要求したことがある。堺商人たちは、はじめこの強圧的な要求に頑として応じなかった。合戦を覚悟して環濠も掘られた。

そのなかにあって、宗久だけが、いち早く信長に名物茶道具を献上して和解に動いた。結果的にこの宗久の動きと、名門の宗及が主戦派商人たちを説得したことが功を奏し、信長と和解できた。にもかかわらず、名門商人たちには、宗久の動きを「裏切り」ととらえていた者が多かったらしい。

このとき、利休はどのような立場をとっていただろうか。

宗久、利休、宗及は、以前から茶会で頻繁に顔を会わせていた。コミュニケーションはとれている。かといって、利休は、宗久のようには積極的に信長に接近していない。宗及もそうだが、はじめ抵抗し、結局は和解を進めた派だったろう。

利休は、侘び茶の創始者とされる村田珠光《むらたじゅこう》の流れを継ぐ武野紹鷗に師事し、侘び茶を完成したと評される。宗久も宗及も紹鷗の門人となっている。

利休は茶聖と冠せられるように、茶人としての存在が大きい。逆に商人としてのイメージはうすい。とはいうものの、利休は宗久、宗及らとともに、信長や秀吉の武器調達などにたずさわり、商人としても成功していた人なのである。

保守的な名門の出身なので、裸一貫からのし上がった宗久のように、ハングリー精神で決してチャンスを逃さないといった商才はなかったかもしれない。だが、天下人を接待する茶会の大宗匠となり、おのずと商売も繁盛させた。見方によっては、利休は政商の神さまのような人でもある。

もっとも、利休は、それを計算して行った人ではないだろう。計算がはたらいていたならば、商売と対極の境地にあるような侘び茶をきわめられまい。

秀吉時代の利休は、茶頭にして側近だった。秀吉の片腕といわれた豊臣秀長が、

「公儀のことはこの秀長に、内々のことは利休に」

といったように、政権内の事務的な指揮も執った。利休は、茶頭・吏僚《りりょう》(官吏・役人)の顔をもちながら、商人としても活動できた万能の人なのである。

チャレンジ精神と目利き

助左衛門は、宗久、利休のどちらのタイプの商人だっただろう。

商売への向き合い方は宗久にちかい、とおもう。

宗久は、外部から堺衆、納屋一族に加わり、のし上がったチャレンジャーだ。

信長が高圧的に矢銭を要求してきたとき、有力商人たちは主戦派にまわった。徹底抗戦のかまえをみせれば「堺の経済力ほしさに信長も折れる」というのが、その考えだった。たしかに、それまでの畿内の大名たちにはそれで対応できていたのだ。

主戦派が優勢なとき、しかし、宗久は信長との将来性に賭けて会いに行った。

チャレンジャーは、イノベーションを起こす人にもなる。いままでとちがうことをやらなければ、なかなか既得権益者に勝てないからだ。むろん、いままでとちがうことなら何でもよいわけではない。しっかり勝算を見きわめる洞察力も欠かせない。

「鳴かぬなら　殺してしまえ　ほととぎす　(信長)」

とは後世の作だが、そのとおり、主戦派の論理など通用しないのが信長だった。もし、もうすこし要求を拒否しつづけていたら、堺はまちがいなく灰燼に帰していた。現に矢銭を拒否しつづけた尼崎は、焼き払われている。

宗久は信長の攻撃性も理解していた。主戦派が頼りとする、当時の畿内に勢力を張っていた「三好三人衆」は信長の敵ではない、と見ぬいていたのである。

堺に矢銭を要求したときの信長は、領国の美濃（岐阜）からはじめて京都に進出した直後だった。当時は、信長クラスの戦国大名は各地に「群雄割拠」している。堺衆は、それまで地方の戦国大名が京都へ進出しては退くさまを幾度となく目の当たりにしていた。信長の京都進出も、過去の大名と同様になると予想していたのではないか。

その時期、だれが最終的な勝利者になるのかを見とおすのは、本当にむずかしい判断だったにちがいない。宗久が周囲の反対に屈せず、信長を選んだ眼力は、さすが堺の大豪商にのし上がっただけのことはある。

助左衛門も、宗久のようなチャレンジ精神の持ち主で、ここぞというときの眼力でぬきん出る商人だったろう。そうでなければ呂宋壺エピソードには登場できまい。なみいる他の商人をしり目に、呂宋壺ビジネスで徳人になれたのは、宗久ばりの商才を有していたからにちがいなかった。

では、助左衛門は利休より宗久タイプ、といいきれるのか——どうも、そうともいいきれない面がある。「目利《めき》き」のことだ。

「呂宋壺五十個」は、ただの壺ではない。いまの価値にして一個が億単位、なかには十億単位の壺もある。そのような宝物が、本当に呂宋にゴロゴロしていたのだろうか。

「助左衛門は、呂宋で小便壺などにもつかわれたありふれた安物壺でボロもうけした」という見方もある。

だが、世の中、いまも戦国時代も、そこまで甘くはなさそうだ。

モルガの報告を見れば、決してゴロゴロしていた壺ともおもえない（参考70頁）。呂宋の壺にもランクはある。本当に高値で売れる壺を五十個も集めるというのは、助左衛門が相当の目利きでなければできることではない。

名物茶道具を何個か見た、というだけの茶人では、そのレベルの目利きをするのはむずかしいのではないか。

イエズス会巡察使のヴァリニャーノは、その鋭い観察眼で、当時の茶道具の目利きについて、次のような報告をしている。

「彼らによって珍重されている茶道具は、昔のある名人が製作したものでなければならぬのであって、彼らは千個の中からただちに本物を見分ける眼識をもっている……この鑑別は、ヨーロッパ人には何人にも不可能であろうとおもわれる。我らはいかによく見ても、どこにその価値があるのか、何に差異があるのか知ることはできない」(『日本巡察記』)
目利きは、ヨーロッパ人には不可能だといいきっている。しかし、では、ヨーロッパ人でなく日本人ならば、「千個の中からただちに本物を見分ける眼識をもつ」人が大勢いたであろうか……。
目利きの最高権威である利休ほどの眼識はなくとも、その目利きのたしかさが世間に認められた高名な数寄者か、あるいは壺を見ただけでその産地や年代がわかる特殊な能力を有する者でもないかぎり、何十億円もする壺を何十個も集められるものではなかろう。
助左衛門は、そうした特殊な能力の持ち主だったのではあるまいか。

茶会記の隙間

助左衛門に関する情報の少なさは、十六世紀の茶会が記録された「四大茶会記」にその名を確認できないことが一因する。博多の豪商による『宗湛《そうたん》日記』、奈良の豪商による『松屋会記』、そして堺の豪商の『宗久茶湯日記書抜』と『天王寺屋会記』。これらに登場するのは、信長・秀吉ら時の権力者のほか、有力な武士、僧侶、商人などの数寄者たち。日本の政治、経済、文化の中心部にいた人々でもある。

四大茶会記に名前が出てくる商人は、百人は下らない。が、助左衛門の名はそのなかに見いだせない。宗久や宗及と同じ堺にいながら、かれらが主催した茶会（自会）やかれらが招かれた茶会（他会）の記録に一度も登場しないのは、どのような理由があるというのだろう。

――茶会にまったく出席しなかった。

これは、ちょっと考えられない。当時の商人にとって茶会とそれに前後して行われる会合や宴会は、社交・接待・商談の場にもなる。茶の湯にまったく無関心では、人脈がかぎられる。商売を大きくできないだろう。

――ほとんど堺にいなかった。

たしかに、出張や海外渡航が多ければ、茶会に出席する機会は少なくなる。しかし、機会が少なくなるだけで、ゼロになるわけではあるまい。

――宗久や宗及関係の茶会に出席しなかった。

たとえば『天王寺屋会記』の他会記だけでも、およそ四十年の間に催された千回以上の茶会の記録がある。そこにはひんぱんに名が出てくる納屋宗久以外、「納屋」はほとんど登場しない。助左衛門はもちろんいない。ただし、千利休は幾度となく登場する。

天王寺屋宗及は名門でありながら、外部から納屋一族に入った宗久と早くから茶会をともにしていた。堺の名門商人たちとの確執がうたがわれる宗久にとって、宗及は数少ない味方の名門商人だったことが茶会記からうかがわれる。

それにしても、茶会は千回以上もあるのに、「納屋」の登場がいかにも少ない。宗及は、宗久や利休以外の納屋一族とは接触しようとしなかったのだろうか。

納屋一族にも天王寺屋一族にも、総合商社的な大店もあれば、その下請け的な中小店もあったろう。宗久と宗及は、そのような階層構造のある一族集団の代表者的な立場にあったとみられる。二人が茶会で会うのは、数寄者同志の交流にとどまらず、一族や堺全体の利益を守るための会合でもあったはずだ。

反面、納屋と天王寺屋は商売においては競争相手だった。商売敵《かたき》でもある。宗久と宗及以外は、必要以上の接触はしなかったのではないか。そうであれば、助左衛門が『天王寺屋会記』の茶会に出席していないことの説明はつく。

ところが、助左衛門は納屋一族に列しながら、『宗久茶湯日記書抜』にも名が出てこないのである。

これは納屋一族とも一線を画していたからなのか。もしそうなら、助左衛門は宗久や宗及という堺の二大勢力下にいなかった、とも考えられる。

ここから、助左衛門は「一匹狼的海商」だった、という見解もある。

一匹狼的海商という見方は、たしかに助左衛門の一面をとらえているかもしれない。ただ、現実問題として、文字通りの一匹狼では、商売で成功するのは困難だろう。とりわけ貿易商を営むには、既存のシステムを利用させてもらえなければ事業を立ち上げることもできまい。資金、船、廻船ネットワーク、商品、販売ルート……ゼロから一人一代で調達するのは不可能とおもわれる。

そもそも、『宗久茶湯日記書抜』に名がないから助左衛門が宗久と茶会で顔を会わさなかった、とはいいきれないようだ。

『宗久茶湯日記書抜』は茶会の全記録ではない。表題の「書抜」の文字がそれを示している。原本の茶湯日記を整理し、編集しているのだ。名門、有名人や名物茶道具の記載だけになっている。そのような視点で原本の茶湯日記から取捨選択されたらしい。

助左衛門が有名でもなく、名物も所持していなければ、茶会に出席していてもその記録は拾われなかった可能性が大である。

『天王寺屋会記』は他会記録だけで約四十年間に千回以上の茶会が記録されている。一方、『宗久茶湯日記書抜』は三十五年間で他会と自会をふくめて八十三回の茶会だけである。相当数の茶会が省略されている。

その省略された茶会のなかに、助左衛門が出席したものが多数あった、と考えるのが順当だろう。

名物拝見の世界

茶会記に名前がなくとも、助左衛門は茶会に出席していた――とすれば、助左衛門は、茶の湯の宗匠でもある一族の宗久や利休と茶の席をともにした。あるいは、「茶会」というほどでなくとも、茶を喫して同じ時間をすごしたことはあったろう。

もっとも、助左衛門にとっての茶の湯は、「つき合い」の域ではなかったか――。

数寄者といわれる茶人は、「名物拝見」といっては、茶会の亭主が所蔵する「名物」茶道具を見させてもらった。亭主と客はその話題で茶の湯の世界を共有する。名物を所持することは、数寄者にとって無上の喜びでもあった。

室町時代より、唐物の茶道具が珍重され、ナリ（形態）や見所（特徴）で道具を評価し、序列がつけられた。「茶碗」はもとより、抹茶を入れる「茶入」や床に飾る「掛物」、湯をわかす「茶釜」、利休が「花入れ」に見立てた魚籠《びく》にも「銘」（道具の名）がつけられて名物に数えられる。戦国時代はとくに葉茶を保存する「茶壺」が重視された。

堺商人は、名物の所持をステータスとし、競い合った。

日比屋良慶は、堺の邸宅を教会として提供したキリシタン商人である。その良慶が、司祭フロイスとともに畿内を訪れた修道士アルメイダを茶会へ招き、茶道具を見せたことがある。

「これは日本でもっとも高価な五徳のひとつで、自分はこれを一〇三〇クルザドで買いました。ですが、本当はもっと価値のある物なのです」

この五徳は、のちに宗及も拝見して「藤こぶのふた」という銘をつけている。一〇三〇クルザドは一億五千万円相当。五徳ひとつで信じられない値段だが、アルメイダは「これらの道具の価格は怪しむに足りません」と、次のように報告している。


霜台《そうたい》（松永久秀）なる殿は、石榴《ざくろ》の実とあまり変わらぬ大きさの、茶の粉を入れる土器を所蔵しています。人々が語るところによれば、その価は二万五千ないし三万クルザドと言われ、その器を「ツクムガミ」と称します。私は、それが彼らの言うほど莫大な値段であってほしくはありませんが、霜台は、それを自分から一万クルザドで買い取る諸侯を望みのままに見出すでありましょう。そして他に三千、四千、五千、八千、一万クルザドの価のそうした茶器は多数あって、それらを売買するのは日常のこととなっています。しかしそれは公の場所で販売されるのではありません。なぜならば、そのようにすれば、人はそれだけの物を出しはしないでしょうから。そうするのではなくて、入手したい者はその所蔵者に懇請せねばならぬのです。しかも幾多の礼を尽して、なにとぞお売りいただきたいと懇願するのです。『完訳フロイス日本史1』

「霜台（松永久秀）なる殿」とは、大安寺の伝承で助左衛門邸の柱に傷をつけた松永久秀その人である。「ツクムガミ」とは、室町時代からの名物といわれる唐物茶入「九十九髪《つくも》茄子《なす》」のことで、この「大名物」には久秀のエピソードもある。

アルメイダの報告は一五六五年のものだが、その三年後のこと。

久秀は、信長がはじめて上洛してきたとき早々と降伏した。その際、九十九髪茄子を献上して許しを乞うたのである。信長はこれを喜び、久秀を家臣にし、「大和（奈良）一国」の領有を許した。九十九髪茄子と大和一国を交換したようなものだった。

その後の一五七七年、久秀は信長に反旗をひるがえし、大和信貴山《しぎさん》城にたてこもった。城を包囲した信長から、

「おぬしの所蔵する平蜘蛛《ひらぐも》茶釜をさし出せば、命まではとらぬ」

といわれたが、久秀は、今度は拒否。平蜘蛛茶釜も、当時の数寄者が喉から手が出るほどほしがっていた大名物である。久秀はその茶釜に火薬をつめて自爆してはてた。

名物ひとつが一国と交換され、命とひきかえにもされる、数寄者にとっての名物茶道具の価値は、現代一般人の想像をはるかにこえている。

それにしても、松永久秀という人は、その生きざまの起伏が大きい。自爆して死んだのは、この人が日本初といわれる。

「満つれば災を生ずる」といって助左衛門邸の柱に切りつけたという芝居がかった話も、久秀の生きざまを知るほどに、本当だったかもしれないとおもえてしまう。

久秀の名物崇拝ぶりは、尋常とはいえまい。

しかし、当時、名物ひとつが一国と交換可能な世界が存在していたことも事実であった。「その価は、二万五千ないし三万クルザドと言われ……三千、四千、五千、八千、一万クルザドの価のそうした茶器は多数あって、それらを売買するのは日常のこととなっています」という、清貧の修道士アルメイダの報告は、驚愕というより、悲鳴にさえ聞こえる。三万クルザド、すなわち四十五億円相当。それが、アルメイダには「土器」にしか見えない物の値段だったのである。

一方、助左衛門はといえば、名物崇拝の世界にはまったく入っていなかった。もし助左衛門が名物崇拝者で、名物のひとつでも所有していたならば、茶の湯の記録に名が残っていたことだろう。

茶会記に名前が出てこない根本的な理由は、根っからのベンチャー気質に富む助左衛門は名物所持の数寄者にならなかったからだ、と結論づけて問題なさそうだ。

助左衛門、貿易商となる

助左衛門の出自

助左衛門が納屋一族であるといっても、その助左衛門家について確実なことはなにひとつわかっていない。助左衛門の出自もわからない。推測すべき領域にある。

結論から先にいわせてもらえば、

「助左衛門は、もとは納屋一族ではなかった」

と、考えている。宗久がそうであったように、その商才ゆえに、外部から納屋一族の一員に加えられた人ではなかったか、とおもうのである。

恵まれた名門納屋家の出自では考えにくい旺盛なチャレンジ精神、起業家精神、ベンチャー魂にあふれていた。宗久のように、なにもないところからでもチャンスをひねり出してモノにするたくましさがある――。

助左衛門は、きっとそんな人物だったろう。それは、エピソードなどからの直感的なイメージでもあるが、次のようなことからも、そうした人物であったと考えられる。

ひとつは、助左衛門が冒険家的貿易商だったからだ。

みずからが船長となり、あるいは商船に便乗する客商となって海外へ渡航する冒険家的貿易商というのは、水夫など海の荒くれ男たちをねじふせる豪胆さがなければやっていけなかったろう。その種の強さがなければ、長い航海の船上でかれらと起居をともにすることすらできまい。名門納屋一族のお坊ちゃま的出自では、そのような豪胆さは期待できそうもなかった。

もうひとつ、助左衛門がもともと納屋一族でなかったと考えるのは、納屋一族をおそったとみられる悲劇が関係する。

信長は、堺が矢銭二万貫の要求に屈したとき、上使衆を派遣し、「納屋年貢（税）」を課した。これは、おそらく納屋衆をねらいうちしたものだった。宗久や宗及、利休のように信長との和解に動いた者より、要求を拒否しつづけた納屋衆の有力商人も多かった。その者たちへの報復である。

このとき、その年貢の厳しさに、代表十人が尾張まで愁訴に行った。ところが、信長の逆鱗にふれ、八人が獄死、逃げ帰った二人もさらし首にされた。

十人全員が納屋一族ではなかったろうが、ここで有力な納屋家が何軒か没落したとおもわれる。没落した納屋家は、その後に繁栄した宗久と対立関係にあった者たちではなかったろうか。もともと納屋一族でない宗久へのわだかまりが、ここで爆発したのかもしれない。宗久の謀略のにおいさえする。一五六九年のことであった。

宗久は、その後、信長から代官職や淀川の通行権、生野銀山の経営権などを与えられ、納屋一族のみならず堺商人最大の実力者にのし上がった。

助左衛門は、没落した納屋家に代わって宗久の助けになるよう納屋一族へ招請された、と考えたい。

宗久自身は、その生涯を通じて、みずから海外貿易に従事した形跡はない。難破の危険もある海外渡航の経験など皆無だろう。商船の運航や現地での交渉などは、一族の担当商人にまかせていたはずだ。その種の担当商人が、信長に殺された一族のなかにいたのではなかったか。であれば、宗久は苦境に立たされただろう。実際、宗久が皮製品などの貿易品を信長のために入手できずに苦労した、という話も残っている。

いずれにせよ、納屋を名乗っているとはいえ、一代でのし上がってきた宗久としては、自分の意をくんで動いてくれる現場担当者的な貿易商を、納屋一族のなかに配置したかった、とみるのが自然であろう。

助左衛門は、そのような宗久の期待を担って納屋一族に招き入れられたのだ、と考えてこの後の話を進めよう。

「つほや」の助左衛門

宗久の肝いりで助左衛門が納屋一族に名を連ねたのならば、その商才が認められてのことだ。とすれば、その前に商人としての活動がなにかしらあったはずである。

雲をつかむような話だが、そのような商人が堺にいなかっただろうか。

苦し紛れかもしれないが、例の開口神社の寄進帳で手がかりをさがしてみた。屋号と名前と町名がある。「助左衛門」が三人いた。念のために「助右衛門」の名もさがしたが、見当たらない。

しろかねや　助左衛門　市小路
ふるてや　助左衛門　今市町
つほや　助左衛門　甲斐町

「しろかねや」は白銀《しろがね》、つまり銀を売買した商家であろう。銀は貿易銀や評量貨幣になる。両替商のようなところにちがいない。住所の市小路には「なや（納屋）」も集中している（参考98頁）。納屋のはじまりは倉庫貸しだが、倉庫の品物を担保にした金融、問屋、貿易などに手をそめながら商圏を広げたとみられる。遠隔地との交易に為替はつきものだ。「しろかねや」は、「なや」に寄りそって大きくなった両替商だろう。

「ふるてや」は、古着や古道具を売買した商家。

当時、布は貴重品で貨幣がわりにもなった。着物は着られなくなるまで使うのが当たり前。享保（一七一六～一七三五）の江戸には千軒以上の古着屋があったというから、いまよりもはるかに大きな商売である。寄進帳のころの「ふるてや」は、その原型のようなものだったろう。

「つほや」は、壺屋である。

寄進帳の時代（一五三五年）の地図はないが、江戸時代の元禄期（一六八八～一七〇四）の地図がある。区画や町名は変わったといわれるが、それによると、「大町」のなかに「壺屋町筋」と「納屋町筋」が隣接している。大町は「甲斐町」に隣接し、両町は中世のころの堺の中心部に位置する。壺屋と納屋の関係の深さがうかがえる。

壺屋とは、どのような商売だったのか。

壺といえば「茶壺」ばかりをクローズアップしてきたが、壺は「容器」としてさまざまな用途がある。

いうまでもなく、アルミ缶、プラスチック容器、ビニール袋、紙パックなどは、戦国時代には存在しない。容器としてのガラス瓶が普及したのも明治になってからである。現在それらの容器に入れられる食物、液体のほとんどすべては、戦国時代は大小の壺に入れられ、運搬、保存された。

硝石や硫黄といった火薬原料、香木や香辛料なども壺で運搬された。

堺の発掘調査で出土したタイ製の壺には、日本産硫黄が入っていた。タイから硝石を入れてきた壺を使いまわし、硫黄の運搬・保存に用いていたらしい。この発見は、堺で火薬の製造・販売が盛んだった証だといわれる。

壺屋は、壺の製造や販売のほか、輸入品の容器だった壺を回収し、輸出品の容器として壺を販売したりしたものであろう。国内向け商品の容器としても、壺の回収や販売を行ったにちがいない。

商才のある人がこうした商売をやれば、さらに木箱や布袋、ムシロ、紐などの運搬用具に手を広げ、梱包資材会社のような業態に近づいていたかもしれない。

いずれにせよ、壺屋が貿易港にかかせない商家であったことは相違あるまい。

さて、納屋助左衛門が、もとはこの三家の若者で、宗久の肝いりで納屋の一員になったとしたならば、どの商家の助左衛門を選べばよいだろう——これは、もはや史実の追究ではない。なるべく史料にしたがうのは当然としても、本書のテーマである「戦国商人のたくましさ」を知るための案内役として、どのようなイメージの助左衛門を選んで史料を補うのかという話である。

本書が選んだのは、「つほや（壺屋）助左衛門」だ。

理由は、三家のなかで、貿易の流通現場に近い商売だからだ。それにくわえて呂宋「壺」である。壺屋で育った助左衛門ならば、「壺」の目利きの基本を自然にそなえていたと考えられる。

もっとも、寄進帳に書かれた壺屋助左衛門は、そのまま納屋助左衛門にはなれない。一五五〇年前後の生年である助左衛門は、そのころはまだ生まれていないのだ。寄進帳の助左衛門は、年代的には父親にあたる。

当時、子が親の名をもらうのはめずらしくなかった。たとえば、はじめは「助右衛門」で、宗久から農産物関係の倉庫をまかされて「菜屋助右衛門」と称した。一人前の貿易商になってから親の名の助左衛門を称した、と想像してみてもよいかもしれない。

ともかくも、本書では寄進帳の「つほや助左衛門」を父親とする人を助左衛門とみなし、この先の話をさらに具体的に進めていこう。

つまり、こうである。

宗久が、日頃からその働きぶりに感心していた若い壺屋助左（右）衛門へ、

「納屋の一員として貿易にたずさわりたくはないか」

と、もちかける。

青年助左衛門は、実力者宗久に認められてうれしくないはずがない。大方の商人が、貿易商を目標にした時代。異国情緒もただよう堺の町に育ち、壺屋の仕事で貿易商たちに身近に接していた。できるなら自分も貿易商になりたいという思いは強かった。迷わず、

「わたしのような者でよろしければ、喜んでやらせていただきます」

と、返事していた——助左衛門の貿易商としての話は、ここからはじまる。

このようにして壺屋から納屋一族へ入ったその人をわれらの助左衛門とみなし、その戦国商人としての姿を追っていこう。

硝石入りの壺

戦国時代の堺は、天下の要衝である。その豊富な資金と物資の供給能力は、

「ここをとれば、『天下布武』を早く実現できる」

と、信長におもわせたろう。一五六九年、堺を接収した信長は、経済活動への干渉は避

けながらも、武器など戦略物資の流通統制を画策する。いち早く恭順した宗久らを代官職に任じて家臣化するとともに、資金や武器の調達を担当させた。

宗久も、武器調達などでもうけるとともに、堺の町から運上銭の徴収を行うなどして信長政権に協力した。

納屋の一員となったばかりの助左衛門は、宗久の指図で武器の仕入販売などにも従事したことだろう。商才を認められ、貿易現場のマネジメントを望まれたが、壺屋の経験だけではそのような仕事はできない。ともかく助左衛門としては、まずは幅広く新しい知識を吸収するしかない。

武器の流通を知ることは、当時の国内流通を手っとり早く知る近道でもあった。戦国大名は合戦に勝利するため、武器流通ルートの上に乗らざるをえない。武器は売上額の大きい商品となり、流通網が全国に広がっていたと考えられる。

そのころは、種子島への鉄砲伝来からほぼ三十年が経っていた。

多くの戦国大名は自国でも鉄砲の製造を行えるようになっていたが、その性能の良し悪しで合戦の勝敗が決まる場合もある。技術水準が高かった堺や紀伊（和歌山）の根来、近江（滋賀）の国友などの鉄砲は定評があった。

堺では、総合商社的な宗久らの商人が鍛冶職人たちを組織し、決まった大きさの鉄砲の部品を製造させた。「部品の規格化」である。これによって、別々の職人がつくった部品を製品として組み立てられた。大量生産も可能になっていた。

当時の合戦では、すでに数百、数千挺単位の鉄砲がつかわれている。高価な鉄砲をそれだけそろえるのも大変だが、その弾薬を調達するのも大変だったろう。

弾薬の「弾」は鉛玉、「薬」は硫黄と木炭、硝石を混合した黒色火薬である。両方とも輸入品だったが、火薬のほうは調合方法が知られるようになり、原料の木炭や硫黄は国内調達、硝石だけを輸入するようになった。

硝石は、日本国内でも製造可能ではあった。中国地方の戦国大名毛利元就の書簡に、「塩硝（硝石）を取り出すから馬屋の土を持ってきてくれ」と、家臣に指示したものがある。硝石を抽出する方法は当時も知られていたわけである。

硝石の結晶は、土壌中の微生物のはたらきにより、水気のない地面の表面に自然に成長する。ただ、結晶を精製してそれなりの量を得るには、手間と時間がかかる。仕込みから五年ほどを要した。大量の火薬需要に応える生産はすぐにはできなかった。国内の生産体制が整うのは戦国時代末期といわれる。それまでは外国産にたよった。

硝石はインドで鉱物として大量に採取された。それが東南アジアや中国を経て日本へ運ばれた。鉄砲の普及とともに、硝石は輸入品の代表格になる。

一五六七年に豊後のキリシタン大名大友宗麟《おおともそうりん》が、マカオの司教に宛てた書簡がある。

「自分と敵対する山口の毛利元就には硝石を売らないでほしい。そして、自分のもとに毎年良質の硝石二百斤（約一二〇キログラム）を届けてほしい。それには銀一貫目お支払いする。それ以上お支払いしてもよい」

銀一貫目は一五〇〇万円相当。現在の硝石二百斤は三十万円ほどだ。戦国時代とはいえ、とんでもない高値である。当然ながら、それだけ高く売れるとあれば、売りたがるのはポルトガル商人だけではない。中国船も硝石を運んだ。しっかり毛利氏へも売りこんだ。

九州や中国地方の戦国大名は、自国の港に来航した外国船から硝石を手に入れることができた。それ以外の地方では、堺経由で入手するところも多かったろう。堺には博多や平戸経由で運ばれたものもあれば、南海路で運ばれたものもあったとみられる。


硝石入りの壺は、はるか海を渡ってくる。

助左衛門が壺屋時代にあつかっていたのは空《から》の壺ばかりだった。

「この硝石を壺に入れたのは、どのような国の商人なのか」

堺の港に荷揚げされた硝石入りの壺にふれながら、若き助左衛門は、それを積み出した異国の商人に思いを馳せるようになっていたのではなかろうか。

戦国流通ネットワーク

商品を輸入できるだけでは貿易商にはなれない。輸入した商品は、売りさばいてはじめて利益が上がる。助左衛門が国内流通のしくみに通じ、その流通ネットワークのなかに人脈をつくることも必要だろう。

そのころの国内流通は、鉄砲の普及とともにネットワークが急速に拡大、深化していた。戦国大名たちは、何千、何万もの軍団を整え、鉄砲や弾薬を調達するため、それまでとはけた違いの軍資金が必要になった。武田信玄や上杉謙信、信長らが合戦した時代は、軍事力というよりは経済力の戦いになった。

「富の大きい者が勝者になる」

それがはっきりと見えていた。戦国大名たちの最大の関心は、「優れた武将を集める」から「富を得るにはどうすればよいのか」に変わった。

領国を拡大し、年貢を大きくする。

治水事業、新田開発で生産量を増やす。

座の特権をとりはらい、自由に商売できるようにして経済を活性化する。

関銭（通行税）をとる領国内の関所を廃止し、流通をスムースにする。

商品作物を奨励して専売利益を得る。

金銀銅の鉱山を開発する。

戦国大名たちは、それぞれに自国でやれることを施策した。このうち、領国拡大のための軍事力行使は武将の役割だが、それ以外の施策はだれが実務を担当しただろうか。

こうした実務は、いくさ上手の武将ほど苦手とした。秀吉政権の石田光成のように、実務を得意とする吏僚的武士が台頭できたゆえんだ。ただし、実際に現場で動いていたのは、船や倉庫を所有し、流通ルートをおさえている商人であった。

とりわけ堺の商人は、京都や奈良という大消費地を後背に、流通ネットワークの大結節点をおさえていた。信長はこの堺を接収して宗久らに利権を与え、かわりに資金や武器、物資の調達を担当させた。宗久は信長の「御用商人」だった。

地方にも結節点が成長していた。

当時の流通は海運、水運がたよりである。結節点は港町が多い。日本海側の大きいところは小浜、敦賀、越後府中（上越市）、十三湊《とさみなと》など。太平洋側では伊勢湾の桑名から志摩半島にかけての港、清水、三島、鎌倉、品川などだ。

こうした結節点にはその地の大名とむすんだ御用商人がおり、かれらは大名のために物資を調達し、かわりに大名からさまざまな利権を与えられた。「御用」の旗を掲げれば領

国内を優先的に通行もできた。秀吉の時代だが、小浜には、

「組屋」

という御用商人がいた。秀吉政権の年貢米の換金などで巨万の富をなし、朝鮮出兵時の兵粮米の輸送や呂宋壺の販売などで政権へ奉仕した。

この組屋と同族とおもわれるが、例の開口神社の寄進帳に「くみや」の屋号が見える。また、寄進帳の時代である天文年間（一五三二～五五）には、瀬戸内海航路を支配していた大内氏の書状のなかに、堺の組屋五郎右衛門という商人の名がある。

小浜の組屋がそうなのかははっきりしないが、堺の商人たちは、その一族を地方の結節点に送りこんでいた。また、地方の豪商たちも堺という大結節点に一族を送りこみ、自分たちの流通ルートを広げようとした。

才覚ある者たちは、一族間のネットワークだけでなく、たとえば茶の湯仲間などで信頼関係のある他家のネットワークも利用し合い、商圏を飛躍的に広げたことだろう。

宗久らが総合商社的な商売ができたのも、結節点をむすぶネットワークが充実していたからにほかならない。助左衛門は、壺屋ではなく納屋の一員と認められることで、充実した納屋ネットワークを利用しやすくなったはずである。

第四章　戦国商人となる

海賊と商人

国内流通を経験する

「信長さまのご命令じゃ、清州城（愛知県清須市）に鉄砲弾薬を届けてくれ」

と、宗久が助左衛門に指示したとする。

助左衛門は、どう動くだろうか。

最短距離なら、堺から奈良、奈良から伊勢湾へぬける陸路があるにはある。

これは起伏のはげしい山道が長い。しかも、山賊や一向一揆と遭遇するリスクがあった。助左衛門の納屋修行時代にあたる一五七〇年代前半は、信長と一向一揆が北伊勢で激突をくり返していた。このルートはまず採用できまい。

おそらく、淀川と琵琶湖の舟運を利用し、関ヶ原（岐阜県）をぬけて清州へ向かうルートをとる。これなら距離は少々長くなるが、山道は短い。その間は信長の支配領域なので、「御用」の旗によって関銭（通行税）などもとられずにスムースに運搬できる。

もし鉄砲の数が多いなら、大量輸送に適した海運のほうが効率がよい。

堺港から清州近辺の伊勢湾の港までは、紀伊半島を大回りする海運になる。和歌山、潮岬、志摩半島と回って伊勢湾に入る。

この間、いくつもの港に停泊して「津料」を払う。津料は港湾使用料というだけでなく、安全保障料という意味もある。つまり「その海域を無事に航行できる」という保障でもあった。

瀬戸内海の村上「水軍」などは、海上に「関」を設け、たとえ港に停泊しなくとも通行税や警護料として、安全を保障するかわりに銭を徴収した。そのような水軍は各海域に蟠《ばん》踞《きょ》しており、紀伊半島にも雑賀《さいか》、熊野、九鬼《くき》の水軍が目を光らせていた。

水軍は「海賊衆」ともよばれた。かれらは、「通行税徴収型の海賊」といえる。

ただし、かれらの支配海域を安全に通行するには、

「銭さえ払えばよい」

というわけではなかった。「一見《いちげん》さん」で武装もしていない商船だとみられたら、通行税や警護料を払っても、皆殺しにされ、積荷を奪われる危険さえあった。

当時は、そうした過酷な弱肉強食が、流通ルートのリスクとして当たり前に存在していたのである。

ならば、あらかじめコネクションをつけられれば、それにこしたことはない。海運業者

などは、海賊衆とのコネクションがあるから商売になっていたようだ。

何をやっても襲ってくる、凶暴な「問答無用型の海賊」もいた。

また、通行税徴収型の海賊が、問答無用型に変身するやっかいなケースもあった。

志摩の九鬼水軍は早々に信長の傘下に入ったが、和歌山の雑賀水軍は信長に敵対した。両者が全面戦争になった時期、信長方への物資供給を行う商船は、雑賀水軍に問答無用で荷物を没収され、最悪の場合は命まで取られたかもしれない。

とはいえ、かれらとて、商船がまったく通らなくなっては通行税収入がなくなる。手当たりしだい海賊行為をはたらき、積荷を没収するわけではなかった。

堺商人は、南海路を利用していた以上、その通り道になる紀伊水道を縄張りとする雑賀水軍とは付き合いが長い。協力関係にあった商人も多かったようだ。雑賀水軍にしても、堺商人は高収入を得られる上客だった。

助左衛門は、「堺の納屋」の肩書きで無事に伊勢湾まで鉄砲を運べただろう。

助左衛門が貿易商となるには、こうした国内海運の経験が不可欠である。なぜなら、そこで得られる経験は、海外貿易にそのまま役立つからだ。

とりわけ海賊への対応策は必須だった。南海で海賊と遭遇した場合、対応ひとつで生死がわかれる。

瀬戸内海の海賊

武野紹鷗の娘婿であった宗久は、武野家の「皮屋」も取りしきった。皮屋は武具商人。武具に皮が多くつかわれたことから「皮屋」といった。たとえば、鹿皮は古代からよく武具の材料にされた。鎧、兜、刀、足袋、羽織、矢筒の紐……いまでも剣道の防具などに使用されている。

宗久は信長の武器商人として武具も調達した。鹿皮や鮫皮を大量に仕入れ、職人たちに武具を製造させた。仕入れ先は、黒船や中国船がたびたび来航していた九州北部の港が多かったとみられる。

「鹿皮、鮫皮、硝石をできるだけ多く仕入れてきてくれ」

と、宗久に指示され、助左衛門は瀬戸内海航路で九州にも足を運んだことだろう。

そのころ、すなわち一五七〇年代前半の中国、四国、九州は、群雄割拠のまっただ中だった。統一的な政権のない瀬戸内海は、海賊衆が支配する海域になっていた。

堺の商人たちは、その人脈ネットワークを駆使して航路の安全をはかっただろうが、万全の保証はない。通行税徴収型の海賊ならまだしも、問答無用型の海賊が出没する海域は、武装船団を編成して航行するしかなかった。

堺商人たちが蓄積してきた海賊対策のノウハウと人脈は、助左衛門も自分のものにしていったにちがいない。

貿易商となるのに役立ったのは、なによりも海賊たちを目の当たりにした体験そのものであったろう。助左衛門の体験談はないのだが、宣教師フロイスの生々しい報告文がある。かれが遭遇したのは、どうやら問答無用型の海賊のようだ。

一五六五年一月。

フロイスは、修道士アルメイダとともに豊後（大分）から堺へ向かった。

途中の塩飽《しあく》（香川の塩飽諸島本島にある泊港）では堺への直航船がなかった。赤穂なら堺行きがあるだろうといわれたが、赤穂までの海域に海賊が群れをなしていることはよく知られていた。にもかかわらず、一行は塩飽を出発した。小舟一隻で恐々としてその海域を航行していったのである。このときの思いを、フロイスは『日本史』にこう述べている。

「一同は海賊の船団に出会いはしまいかと、恐怖に閉ざされていた」と。

怯《おび》えて声も出ない雰囲気だったのだ。

当時の人々はそんな恐怖が待ちかまえているというのに、それでも出港していく。文字どおり命がけで生きていた時代であった。

無事に危険海域を脱したとき、フロイスは、

「主なるデウス（神）は、目指す港に到着することをゆるし給うた」

と心の底から喜んだ。まさに神頼みの瀬戸内海航路である。

一五六九年三月。

堺が矢銭の要求を拒否したうえ三好三人衆に加担したとして、信長は町を焼き払い男女を問わず首をはねると威嚇した。堺では町をあげて防備を固め、浪人を雇って戦闘準備に入った。妻子や財産の避難も開始した。このとき、堺にいたフロイスも信長軍の略奪をおそれ、町の人々とともに船で尼崎へ避難することにした。船には町人たちの妻子、家族とともに金銀財宝も積まれた。

ところが、こうした避難民をねらい、盗賊や海賊が堺の周辺に集結していたのである。

フロイスが乗った船は、岸にそって小舟を先行させ、海賊の船が入江に隠れていないかをさぐらせながら進んだ。なかばまで来たころ、小舟がもどって知らせた。

「すぐそこで、足の速そうな十一隻の海賊船がもう出港しはじめている」

それを聞いた船上の人々は、

「とても逃げきれない」

と、婦女子ばかりか男たちも泣き叫び、数珠を手にとり、両手を上げて仏像を拝んだりした。フロイスは船首に立ち、

「皆さん、希望を捨ててはいけない。いまは一生懸命に漕ぐのです」

といいながら、自身もデウスの恩寵とご加護を祈った。

海賊たちは船を猛追撃しはじめた。船の人々は、力のかぎり漕いだ。霧がかかってきて船が見えなくなったが、漕ぐ音を追って海賊船はなおも追跡してきた。船の人々は人間業とはおもえないほどの力で漕ぎつづけた。

霧が晴れたとき、尼崎から助けが来られるところまでたどり着いていた。海賊たちはようやく引き返した。


これらのフロイスの報告では、問答無用型の海賊と遭遇したならば、逃げるか戦うかの二者択一しかなさそうである。フロイスが乗船した船は、貧弱な武装なので逃げるしかなかったようだ。それなりに大型の商船で武装していたなら、海賊たちもそう簡単には手出しできなかったのかもしれない。

海賊と対決する

通行税徴収型の海賊に、もし通行税を払わなかったらどうなるのか――そんな恐ろしい実験をしようと考える人はあまりいなかったろう。だが、宣教師一行が知らないうちに実験したらしい事例がある。フロイスは問答無用型の海賊と区別していないようだが、どちらかといえば、通行税徴収型の海賊に分類したい。

一五八一年三月。

フロイスは、巡察師ヴァリニャーノが信長に会いに行くのに随行して、豊後から安土へ向かった。

一行八人を乗せた船が塩飽を出港するころになると、その先の海域では、「宣教師の長官が船に莫大な財宝を載せて通過する」とのうわさが広がっていた。このときの「財宝」は、時計や切子ガラス、ビロード製の椅子など、すくなくとも駄馬三五頭と人足三、四十人分であった――どういうわけか、それらの情報が海賊には筒ぬけになっていた。

一行が通行税を払うために兵庫に入る予定であると知った海賊たちは、港近くの島影で待ちかまえた。自分たちも、海上関の通行税を取ろうと考えたらしい。

ヴァリニャーノは悪い予感がしたのか、

「堺へ直航するのがよい」

と主張した。船頭は、

「通行税を払う必要があるので、兵庫港には入らなければならない。払わなければその地の殿ともめごとになる」

といって反対した。それでもなお、ヴァリニャーノが熱心に説得したため、船頭も税は到着後に堺から払うことにして、直航の針路をとった。

海賊たちはその動きに気づいた。島影から姿を現わして追撃を開始した。

追撃船のなかには、信長の大船二隻がいたという。であれば、信長の九鬼水軍あたりも参加していたのかもしれない。もともとかれらは海賊衆だった。

ヴァリニャーノ一行は、それを見て恐怖に駆られた。

同乗していた兵士たちは、戦いの準備をした。

風が凪《な》いだ。帆走のスピードが落ちた。

三十人の青年水夫が死に物狂いで櫂を漕いだ。

フロイスは、このときの様子を「インド、日本にいた三十四年の間に、これほど立派に漕いだ者は見たことがない」といい、「走るよりは飛ぶごとくに見えた」といっている。

だが、海賊たちは猛烈なスピードで迫ってきた。

堺の港に到着したとき、海賊船はすでに追いついていた。

石を投げれば届きそうに岸は近かったが、それでも海賊船は一行の船を取り囲んだ。岸ではキリシタン商人日比屋良慶らを中心に、三百人ほどの堺衆が鉄砲を持って戦うかまえをみせた。それでも海賊船は離れようとしない。威嚇をやめなかった。船から荷物を降ろせないまま、にらみあいがつづいた。

結局、良慶や堺衆が交渉し、夜になってたくさんの酒肴を海賊にふるまったあげく、一五〇クルザドを海賊に渡して一応の決着がなされた。一応の、というのは、その後も海賊は船頭を脅して金を要求したからだ。

この報告には、貴重な情報が満載である。

以前のフロイスの瀬戸内海航行は、沿岸船を乗り継いでいたが、今回の船は豊後から堺へ直航している。帆と櫂漕ぎを併用し、すくなくとも五十人以上は乗船していた。途中、船頭みずからの判断で塩飽商人の荷物を積み込もうとしたという記述もある。通常は瀬戸内海航路の商船だったのだろう。こうしたタイプの船と装備が、当時の商船の標準型であったとみられる。

今回の件が交渉にもちこまれたのは、相手が通行税徴収型の海賊であったためであろう。問答無用型の生粋の海賊とは戦うしかない。この海賊たちは、当然の権利とおもっていた通行税を取れないから怒り狂ったのである。

一五八一年といえば、信長によって畿内の統一はほぼ完了していた。が、依然として、信長と中国の雄、毛利氏との戦いは収束していなかった。瀬戸内海航路の安全は、まだまだ不安定なものだったのである。

巡察師ヴァリニャーノの来訪が伝えられたとき、畿内のキリシタンたちは、その道中を心配した。護衛に六、七隻の船をさし向けるから出発を待ってほしいとたのんだ。だが、ヴァリニャーノは、そのような費用をかけさせるわけにはいかないと豊後を早々に出発したのだった。このころは、瀬戸内海航路の安全を確保するなら、六、七隻もの船で護衛しなければならないと考えられたわけだ。瀬戸内海の海賊が、いかにおそろしく強いものだったかがわかる。

鉄砲を持って海賊に立ち向かった堺衆のなかには、あるいは助左衛門もいたかもしれない。かがり火が夜の海面に映える港で、船上の海賊と岸辺の堺衆が鉄砲をかまえてにらみあう光景は、さぞや緊迫感に満ちたものであったろう。どちらも、命がけであることはまちがいなかった。

海賊との対決は、背筋がこおるほどの恐怖だろう。しかし、その種の緊迫した状況に縮みあがっていては、商船に乗りこんで海外に雄飛する貿易商にはなれそうもない。

外洋では陸地の権力がおよばない分、海賊はますます傍若無人になる。瀬戸内海の海賊たちとの命を張ったギリギリの駆け引きは、若い助左衛門には、貿易商となるための不可欠な訓練になったにちがいない。

半商半賊

現代人と戦国時代の人々の大きな違いは、その死生観にあるとおもう。かれらが人の命をどう考えていたかはともかくとして、現代人のようには自分の命を守ろうとしないところがある。死ぬことを恐れないといったほうがよいかもしれない。その裏返しなのか、大義名分さえあれば、人の命を奪うのも躊躇しない——こうした死生観は、武士だけのものではなかった。当時の日本人に共通してみられる。

商人たちも、例外ではない。

それがもっともわかりやすい形で表れたのが、みずから商船に乗りこんで海外へ向かった貿易商たち（日本人海商）の生きざまだろう。

たとえば後期倭寇といわれた人々は、ひとくくりとして見ると、商人なのか海賊なのか区別できない。が、そうはいっても、一人ひとりの人間は、

①ただ奪うだけの海賊
②ある時は商人、ある時は海賊
③決して海賊にならない商人

に、区別できただろう。②を「半商半賊」という。

半商半賊の行いが目立ったため、そのパターンが当時の標準的な海商の姿だったとおもわれがちである。

半商半賊も海賊にかわりはない。現代ならまちがいなく強盗殺人罪に該当する。法律がなくとも、それは許されないという認識は当時もあった。ただ、それを罰する秩序がなかった。

そのため、③の生粋の商人たちといえども、自衛のために①や②の海賊と戦って相手を殺さざるをえない場面に遭遇した。

殺さなければ、自分が殺される。「大義名分がありさえすれば、人の命を奪うのも躊躇しない」というのは、そのような意味であった。

後期倭寇に関する中国の史料に、明政府に捕らえられた密貿易団の供述がある。かれらは日本と中国の間を往来して、日本銀と中国の絹織物を交換していたが、

「海上では、チャンスだとみれば略奪した」

と語っている。港ではさすがに商人としてふるまったが、海上の出会貿易などでは、相手にスキがあるとみれば海賊に変身したというのである。

まさに、これが半商半賊の姿である。

そのような半商半賊のありさまは、中国人海商のなかにだけ見られるものかといえば、決してそうではなかった。

命がけの商売

日本人海商のなかにも、半商半賊は確実に存在していた。

一六〇〇年のことだが、家康は秀吉の朝鮮出兵で断絶した日明の国交回復をはかり、人質にしていた明軍の将を送還し、講和交渉の糸口をみつけようとした。

交渉を命じられた島津氏は、坊津の豪商鳥原喜右衛門を使者として明へ送った。喜衛門は無事に人質を送り届け、北京で厚遇された。国交回復とまではならなかったが、明は福州船二隻を毎年坊津へ派遣すると約した。

坊津では翌年の春、福州船を心待ちにした。

ところが、待てど暮らせど福州船は入港しない。

それもそのはず、唐物が町で売りさばかれているのを不審におもった藩役人が探索してみると、伊丹屋助四郎という商人が、海賊船を仕立てて福州船を襲わせていた事実が判明したのである。

助四郎は、海賊たちに海上で待ち伏せさせ、明人を皆殺しにして財宝を奪い、福州船は焼き捨てさせていた。

助四郎は、元堺商人である。堺の伊丹屋といえば、紹無や宗不という人が茶人として知られる名門だが、助四郎もその一族であろう。朝鮮出兵のとき島津軍の物資輸送を担当した縁で鹿児島に居住するようになったらしい。

明船略奪犯として助四郎は磔にされた。

堺商人のなかにも、こうした半商半賊がいたという証だ。

かれらは、堺にいるうちは良識のある商人としてふるまっているが、だれも見ていない海上でスキをみせれば海賊になるのである。

たとえば南海へ向かう商船団のなかにそんな半商半賊の商人がまざっていたらどうなるか——信頼できる同行者だとおもっていたら、いつ寝首をかかれるかわかったものではない。

助左衛門のように、海賊行為に走らないまっとうな日本人海商は、半商半賊の輩が身近にいる現実を承知のうえ、かれらにスキをみせず、かれらを圧倒する気迫と才覚を示しつづけていたわけである。

そうした圧倒的な気迫と才覚は、海賊対策のためになるだけではない。

異国で外国商人と取り引きするには、まさに半商半賊の輩とでも交渉して利益を上げるほどの強さがなければ、またたく間に丸裸にされただろう。

マニラには半商半賊の中国人海商はもちろん、地球を半周して一攫千金をねらってやってくるしたたかなポルトガルやスペインの商人も手ぐすねをひいていた。

そのようなマニラ市場で利益を上げるには、助左衛門もかれらを手玉にとるほどの胆力がなければならない。そうでなければ、お金どころか命までとられる世界だった。

「商売は命がけでやらなければ成功しない」

といわれるが、当時の日本人海商は、それを文字どおりに実践していた。

当時と現代では、おかれている環境があまりにちがう——たしかにそうである。

しかし、それでもなお、商売にかぎらず、

「命がけでやらなければ何事もものにならない」

という点は、現代も変わらないのではあるまいか。命のやりとりはなくとも、油断していたらお金を持っていかれるのは、現代のビジネスも同じである。

助左衛門が身につけた能力は、どの時代の商売でも通用するものであった。

茶の湯と商売

人を見立て・目利きする

商売は、さまざまな人との関係で成り立っている。成功の条件のひとつが、人脈の広さであることを疑う人はいないだろう。とはいえ、人脈が広いというだけでは意味がない。半商半賊のような人をいくら人脈にしても、成功できるどころか身ぐるみをはがされるだけだからだ。

「質のよい豊かな人脈」がもとめられる。

時間をかけて、じっくり豊かな人脈をつくるのも大切だが、助左衛門のような貿易商は、異国においてすばやく質のよい人脈にたどりつく必要もあった。

約束を守る信頼できる商人、裏切らない人間。その種の人々を早く見つけだし、かれらのネットワークも利用させてもらうくらいでないと、海千山千だらけの当時の外国で取り引きはできなかっただろう。

しかしながら、人の見きわめほどむずかしいものもあるまい。

外国で物珍しそうな顔をしていれば、近づいてくるのは詐欺師のような輩ばかりだったりする。来る人を待つだけではなく、みずから人に会いに行ってその人を見きわめることも必要だ。

この「人を見きわめる」というのは、商売やビジネスにとってもっとも重要なことのひとつでありながら、確実な原理原則がない。せいぜい「実績をみる」といったくらいだが、こだわりすぎると、硬直した融通性にかける人脈になったりする。

人事担当者が職歴だけを評価して人を採用したところ、現実はまったくの期待はずれだった、という話はよく聞く。

現代であれば命までは奪われないが、戦国時代に人の見きわめができなかった場合、命を奪われる危険は常にあった。助左衛門が日本人海商として成功したのは、人の見きわめにも長じていたからにちがいない。

人の見きわめとは、茶の湯でいうところの「見立て」や「目利き」に通じるのではなかろうか。

――利休のように魚籠を花入れに「見立て」る。

雑器として使われていた呂宋壺を、茶壺に見立てるのも同じだ。これは、それまでとはちがう新しい用途や能力を見いだすことである。

玉石混交の人々のなかに自分のもとめる人を見いだし、あるいは知り会った人たちを活用する能力にも通じる。

——茶道具を「目利き」する。

これは、道具の価値を見きわめる、本物かどうかを鑑定するという意味である。つまりは、人の才能、資質を見ぬく技量に通じる。

むろん、茶道具と人をいっしょくたにはできまい。しかし、「一芸は万芸に通ず」という言葉もある。ひとつの事をきわめれば、すべてに応用できるという意味だ。

助左衛門も茶の湯に通じ、それなりに人を見立て、目利きしながら、海千山千の外国人貿易商たちの間を渡り歩いたのではなかったか。

真壺を拝見

助左衛門は宗久や利休と茶席をともにしたとはみられるが、いわゆる数寄者ではなかった。数寄者の特徴ともいえる名物茶道具への執着がみられないからだ。

数寄者でもない助左衛門は、しかし、高価な呂宋壺を五十個も集められる目利きであった。茶壺に対するかれの造詣の深さは、いったい何に由来するのだろうか——壺屋に育ったとすれば壺を見る素養はあったろう。が、その原石とでもいうべき素養を磨いたのは、やはり宗久や利休との交流であり、かれらが所有していた茶壺を拝見した経験であったにちがいない。

宗久は義父武野紹鷗から名物を譲り受け、自分も名物収集した。そのなかに「松島」という大名物の茶壺がある。

『信長公記』では、一五六八年、宗久は松島と名物茶入を信長に献上していち早く信長の歓心を買った、としている。この記述から、一般にはその年に松島は宗久の手元を離れたとみられている。

ところが、一五七〇年の『宗久茶湯日記書抜』には、

「信長公は堺の名茶器を集めるように命じられ、それらを代官の松井友閑の宅でご覧になられた。宗久の道具のうち松島の壺は召し上げられた。翌日の茶会で利休の手前で薄茶をたまわり、その後、呉服や銀子を多分にたまわった」

とある。すなわち、松島は献上したのではなく、いわゆる信長の「名物狩り」で召し上げられたというのである。ちなみに、「狩り」に遭った、といってもタダで没収されたわけではない。それなりの「呉服や銀子」という支払いを「多分に」受けとっている。

茶湯日記のほうが正しいなら、松島は助左衛門が納屋一族に列するようになったとき、

まだ宗久の手元にあったことになる。
松島は、呂宋壺と同じ「真壺」のひとつであった。
利休の高弟山上宗二《やまのうえそうじ》は、松島について次のように記録している。

この壺は「こぶ」が三十以上ある。形、大きさ、土の色、釉薬のさまは、真壺の手本である。三日月は天下無双の茶壺だが、土の色、釉薬のさまは、この松島が上かもしれない。松島がよいという古人もいた。形は三日月のほうが珍しいだろうか。松島と名づけたのは、奥州名所の松島は島が多くて面白い所であるが、この壺はこぶが多くて松島と名づけたのである。

昔、三日月も松島も東山御物であった。御物は散逸したが、この壺は三好宗三の所持となり、その子の政勝が紹鷗に売った。その後に所持した宗久が信長公に奉ったが、その代に焼け失せた。茶葉が七斤と少し入った。

『山上宗二記』大壺の次第―松島（著者意訳）

「こぶ」とは、粘土のなかの気泡が焼成されるときに壺の表面にできる隆起。「東山御物」は室町幕府の八代将軍足利義政の収集物。「一斤」は約六百グラムである。

松島は本能寺で信長と運命を共にして焼失したが、まだ宗久が所持していたころに助左衛門は見る機会があっただろう。のちに助左衛門が呂宋壺を現地で目利きするとき、こうした真壺の大名物を見た経験が大いに役だったことだろう。

『山上宗二記』は松島と同格以上の茶壺として「三日月」を挙げている。これも、真壺である。三日月は、合戦によって六つに割れた。それを利休が接ぎ直し、信長が譲り受けた。利休のところにあった時期、助左衛門は三日月も見たかもしれない。

利休も名物所持者である。秀吉に決して渡さなかったといわれる「橋立」という大名物茶壺も所有していた。宗久、利休以外の堺商人たちも、名だたる名物所持者が多い。助左衛門は、当代の最高級の茶壺を多く見て目を肥やせる環境のなかにいた。

三日月にはひびが入っていたはずだが、それでもその値は五千貫文、一万貫文と上がりつづけたという。一万貫文は三十億円相当。これでは、いやがうえでも、助左衛門が茶道具の値段について考えないわけにいかなかっただろう。

茶の湯ブームと道具の値段

松永久秀や信長が所有した大名物「九十九髪茄子」は、もとは室町幕府の三代将軍足利義満が所有した唐物茶入である。この大名物の値段の推移を追うだけで、当時の茶の湯ブームの盛り上がりをイメージできるかもしれない。

九十九髪茄子は八代将軍義政の時代に守護大名の山名氏に譲られ、十五世紀末、侘び茶の創始者といわれる村田珠光が九十九貫文で買った。ここから九十九＝「つくも」の名になったという。ちなみに「百」から一を減らせば「白」になる。九十九髪と書けば白髪を意味した。

所有者は転々とした。越前の朝倉宗滴が入手したときは五百貫文。松永久秀が手にいれたときは千貫文。ほぼ半世紀で十倍の値段にはね上がった。

一五六五年の修道士アルメイダの報告では、「価は二万五千ないし三万クルザド」とある（参考１３４頁）。三万クルザドは一万四千貫文相当である。ということは、珠光の時代からは百倍以上の値段になっている。

一五六八年、久秀は信長に献上し、かわりに「大和一国」を安堵してもらった。銭額への換算はむずかしいが、それより約二十年後、太閤検地による大和一国の石高はおよそ四十五万石。二十七万貫文相当である。これを単純に九十九髪茄子の値段とはみなせないにしても、ほとんど天井知らずの値上がりだったと推察される。

このように、大名物ひとつの値段の動きを見るだけでも、信長が上洛したころ、すでに茶の湯は隆盛をきわめ、名器ブーム、とりわけ唐物ブームが過熱していた様子がわかる。

茶の湯、唐物ブームの背景には、何があるのだろう。

村田珠光、武野紹鷗、千利休とつづく師弟が深化させた草庵の茶「侘び茶」は、茶の湯を高い精神性をそなえる総合芸術へみちびいたといわれる。

その一方で、茶の湯の社会的評価が高くなるほど、茶道具は財力と権力の象徴となり、その所持がステータスシンボルとなった。中国龍泉窯などの磁器や朝鮮からもたらされた陶器、絵画は銘をつけられ、名器・名物としてもてはやされた。

こうした風潮は、利休が目指した侘び茶とは本質的には異なる方向だったかもしれない。とはいえ、結果的には、茶聖利休が目利きして銘をつけたものも名物となり、その所持がステータスになるのである。その点は、名の知られた画家の絵が、芸術性だけではなく、その名が冠せられるだけで高額で取り引きされるメカニズムとなんら変わるところはない。この場合の名は、「ブランド」として作用する。

信長は、茶の湯のステータスシンボルないしブランドとしての力を政治に利用した。「茶湯ご政道」と「名物狩り」だ。

茶湯ご政道は、信長だけが茶の湯による接待を許可する。つまり、許可のないかぎり、信長の武将は茶の湯を主催できない。茶の湯の主催そのものがステータスとなった。

また、「名物狩り」によって名物を独占し、価値ある名物を所持する信長は、自分の威信を高められるだけではない。名物を下賜して相手を従属させることもできた。

「茶湯ご政道」と「名物狩り」は、武将たちだけでなく、町人たちの茶の湯への関心をよりいっそうかきたてた。茶の湯主催と名物所持によるステータスは、武士、町人を問わず、はなはだしく高いものになる。

九十九髪茄子のような名物茶道具が「一国一城に匹敵する」といわれたのは、信長にとっても好都合だったろう。

その価値観が当たり前になれば、合戦の恩賞を「知行」ではなく、「名物」で代替できる。家臣を支配するには恩賞がなくてはならないが、かぎりある土地を知行として家臣に与えつづけることはできないからだ。

信長の家臣滝川一益は、武田討伐の恩賞として名物茶入を所望したが、上野一国と信濃二郡を与えられた。本来、戦国武将なら最高の喜びのはずだ。ところが、一益は喜ぶどころか名物茶入をもらえないことを悔しがった——それが本当ならば、さすがの信長も苦笑したにちがいない。

そこまでいくと、名物崇拝も度をこえているというしかあるまい。

「そのころ天下にご茶湯つかまつらざる者は人非仁にひとしい」

と、皮肉まじりの言葉が『山上宗二記』にある。

侘び茶をきわめようとした宗二は、名物偏重の茶の湯ブームを喜んでいなかったといわれる。宗二のような見方をした人も多かったとおもわれるが、天下人が熱心に旗を振る以上、だれもがそのブームに乗らざるをえない面もあった。

こうした名物偏重の茶の湯ブームによって、茶道具の値段はどうなるのか。

それは、茶道具の「形、大きさ、土の色、釉薬のさま」への審美眼的評価だけでは決まらないということである。

名物所持によるステータスといった目に見えない力も、道具の値段に大きく影響した。道具の産地、有名な武将や茶人などの所持歴、箱書（道具を入れた箱に記された題や由緒など。利休の署名があればそれだけで高値になる）がブランドとして作用した。

助左衛門は、名物茶器を所持していることを自慢げに吹聴する堺の豪商たちに接しながら、茶道具の値段のしくみを理解していったのではなかろうか。

海賊の点前

茶の湯、茶道具ブームを根底で支えたのは、商業の発達による経済力だった。嗜好的な活動をやれる経済的余力が生まれていたのである。とはいうものの、経済的余力があったとしても、それを支持する人々がいなければブームは起こらない。

信長の「茶湯ご政道」と「名物狩り」、秀吉の「北野大茶会」と天下宗匠利休の重用、それらが茶の湯ブームを大いに助長し、茶の湯の社会的地位を不動のものとしたことはたしかだろう。

しかし、茶の湯ブームは、それ以前からすでにはじまっている。

商売にからめて考えるならば、茶の湯の次のような機能により、多くの支持者を得てブームになったのではなかろうか。

①交際・接待の場
②情報交換の場
③主催することで社会的信用を得る
④人を見きわめる
⑤信頼できる人脈をつくる

①～③は、現代社会で開催されるさまざまな「パーティ」と同じと考えてあまり問題なさそうである。

ここでは④⑤に注目したい。これは、極端ないい方をすれば、

「茶の湯が戦国時代に盛り上がったのは、人を見きわめ、信頼できる人脈をつくるのに大いに役だったからだ」ともいえる。

戦国武将たちは、下剋上ゆえにいつ裏切られるかわからない、かといって、信頼できる人間に支えてもらえなければ生き残ることさえむずかしい、といった緊張状態のなかに常におかれていた。

「人を見きわめる」、つまり、道具の目利きではなく「人を目利きする」、それができるかできないかは、戦国武将たちの切実な問題だった。

茶の湯はその切実な問題の解決策になった——だから武将たちの間で流行ったのではあるまいか。

事情は商人たちも同じである。取引相手が半商半賊の人間だったらどうなるか。またたく間に利益を奪われ、没落するだろう。茶の湯は「人を目利きする」場として人の選別に役だった——それが、商人たちの間でも流行った理由であろう。

では、茶の湯のどこに、そのような「人を目利きする」機能があったのだろう。

ひとつは、「おもてなし」ではないか。

「気配り」の極致のような茶の湯のおもてなしは、半商半賊の心の持ち主ではいかにもむずかしいにちがいない。

極端な例かもしれないが、海賊をやる人が心のこもった点前《てまえ》（抹茶を点《た》てる作法）をできるだろうか。逆に、心のこもった点前をできる人が海賊をやれるだろうか……。

そうみれば、茶の湯に同席するだけで、人を知る手がかりになりそうである。

さらに、「侘び寂び（わびさび）」がある。

地味とか無駄のなさ、自然のまま……いろいろ説明されても、ヴァリニャーノが、「ヨーロッパ人には目利きは不可能」（参考128頁）といいきったと同様、侘び寂びは多くの外国人には暗号のようなものかもしれない。日本人とて、聞きなれた言葉ではあるものの、よく理解している人は少ないのではあるまいか。

侘び寂びは感性である、といわれる。

ただ、茶人といえど、同じ茶道具に、同じように侘び寂びを感じるものではあるまい。ある茶道具の侘び寂びについて、その感想が一致したとき、はじめて同じような感性や考え方をもっているとわかるのではないか——たとえば、自分が気にいった道具を同じように気にいる人は、気持ちが通じやすいといったように。

これは、見方を変えれば、自分との相性を知る手がかりになる。つまり、相手を知り、「信頼できる人脈をつくる」のに大いに役立つ。

このようにみれば、茶の湯の「人を目利きする」「信頼できる人脈をつくる」機能は、戦国時代の武将や商人にはまことにありがたいものだったろう。

裏切りや半商半賊の心を見ぬき信頼できる仲間を選ぶのに役だつなら、喜んで茶の湯に傾倒したにちがいない。

もちろん半商半賊の輩といえども、それなりに茶の湯をたしなむ者はいただろう。後期倭寇の大頭目だった王直のように、人を束ねる包容力のある人物が点てた茶には、「けっこうなお点前で」と、おもわず応えそうな気がする。

茶の湯の「人を目利きする」機能も万全とはいかない。

とはいうものの、戦国乱世のなかで、人を見きわめ、人と人をむすびつける媒体として、茶の湯ほど有効そうなものは見当たらない。それこそが、戦国時代に熱狂的な茶の湯ブームが現出した根本的な理由ではなかろうか。

助左衛門も、茶の湯の「人を目利きする」「信頼できる人脈をつくる」機能は重宝しただろう。名物拝見して、茶会の亭主と侘び寂びで意気投合したかもしれない。茶の湯の交流で信頼できる人脈を得られたにちがいあるまい。

ただし、助左衛門は名物の侘び寂びは感じられても、それに大枚をはたくことはしなかった。そういう人であったろう。

松永久秀と助左衛門

助左衛門の修行時代でわすれてはならない人に、松永久秀がいる。助左衛門邸の柱に傷をつけ、最期は茶釜とともに自爆したという話題多きこの人物と、助左衛門はどのように関係したのだろう。

久秀は前半生のよくわからない人だが、阿波（徳島）の三好氏の家臣として史上に現れ、三好氏の畿内進出とともに堺を訪れるようになった。

フロイスは、久秀を「有力かつ富裕、人々から恐れられ、はなはだ残酷な暴君」であり、「大いなる才略と狡猾さによって天下を支配し、諸事は彼が欲するままに行われた」と、よい評価はしていない。

フロイスは久秀がキリシタンを排斥したから辛口になったのか――だが、当時の史料に見られる久秀評はどれも似たようなものだから、当たらずとも遠からずかもしれない。

久秀が才略に富む人だったのは、武野紹鷗の茶会に出席し、名物の所持に奔走している様子からもうかがわれる。一流茶人として認められようとしたのだ。名門でもない自分がのし上がるには、何が必要かをよく考えて行動していたのだろう。

久秀は宗久と接点が多い。茶会記では、一五五四年、紹鷗の茶会に宗久と出席した記録までさかのぼれる。このときの宗久は三十代。武野家の娘婿になって嫡男の宗薫《そうくん》も生まれ、順風満帆の風に乗ったころである。

その後、二人はそれぞれの分野で急成長した。

二人が会談する機会は多かった。茶会記だけでも次の記録がある。

一五五八年、久秀が亭主となって宗久ほか堺商人と茶会。「九十九髪茄子」が披露された。このころの久秀は、三好長慶の下で堺代官のような役を務めていた。

一五六三年、久秀が亭主となって宗久ほか堺商人と茶会。「平蜘蛛茶釜」が披露された。このころの久秀は三好一族とともに足利将軍を傀儡《かいらい》とし、大和の信貴山城などを領する戦国大名になっていた。しかし、一五六六年には対立した三好三人衆らに敗れ、堺に逃げこむほど劣勢に立たされた。

一五六七年、宗久の茶会に久秀が出席。

翌年、劣勢を挽回できない久秀は、娘を人質に出し、九十九髪茄子を献上して信長の傘下に入った。宗久はその久秀を頼り、堺商人としては他のだれよりも早く、信長への接近をはかったとみられている。

久秀は、信長の傘下で畿内を転戦した。一五七七年に信長に背いて爆死するまで、茶の湯や資金調達で堺を訪れる機会は多かっただろう。

当然、宗久を訪ね、助左衛門と出会う機会もあった。『大安寺の記』で、「久秀が助左衛門を三千石で召し抱えようとした」というのは、宗久もほれこんだ助左衛門の才覚が、久秀を惹きつけたのかもしれない。

すでに一国一城の主で歴戦のつわもの。将軍殺害や東大寺焼き打ちなどの重大事件の首謀者。その一方では茶人、教養人としても知られる老獪な久秀が、助左衛門の何を気に入ったというのであろうか。

それは、すでに日本人海商として成功を収めつつあった助左衛門の、海賊をも微塵も恐れない胆力、統率力、知略といったものではなかったろうか。

久秀は、助左衛門邸の柱に「満つれば災を生ずる」といって傷をつけた（参考104頁）。もし、それが事実なら、助左衛門はすでに豪華な邸宅を建てていたことになる。

助左衛門が宗久の配下になったのが一五七〇年ごろ。

久秀が爆死するのが一五七七年。

その短期間で日本人海商として成功するのに、助左衛門はどのような商売をしたというのだろう。

呂宋ゴールドラッシュ

呂宋の財宝

一五七〇年代の前半、助左衛門は呂宋へ渡航した。

なぜ呂宋かといえば、当時のルソン島は、南海を目指す日本人海商たちにとって、琉球の先にある最初の目標だったからだ。

琉球とルソン島の間には台湾もある。当時の台湾は小琉球とよばれ、琉球との明確な区別はなかった。このころは貿易の相手国というより、南海へ向かう途中の寄港地として認識されていたようだ。

対して、ルソン島には古くから琉球や中国、東南アジアの商船が訪れ、交易が盛んに行われていた。海禁策をとる中国の港には近づけない以上、日本の貿易商がルソン島を目指すのは自然の流れといえる。

また、おりからの明の海禁緩和とスペインのフィリピン植民地化が相互作用し、ルソン島は南海貿易の一大結節点として急成長しつつあった。

スペインがルソン島のマニラを占領したのは一五七一年。その当時のマニラは現地人の集落があるだけだった。スペインはここをフィリピン植民地支配の首都とさだめ、町の建設に着手した。マニラは、それ以後、メキシコからのスペイン船、明からの中国船が交易する港として発展する。

ここに日本船や東南アジア船も参加するようになるのだが、マニラがスペインに占領される前、すでに二十名ほどの日本人居住者がいたという報告がある。

スペインの記録をさかのぼると、一五六〇年代には、ルソン島、ミンダナオ島、ミンドロ島などにも日本人が進出していた。古いものでは、一五四〇年代にも日本人の存在が確認されている。

それらの日本人は、いったい何を目的にやってきていたのか。

スペインの報告書は、日本人のフィリピン進出を調べるためのものではない。目的のひとつは「産金情報」。「金がどのくらい採れる土地なのか」という調査報告だ。

当時のフィリピンは、じつは世界的な金産出国だった。

大航海時代のヨーロッパ人が東方に向かった動機のひとつに、「黄金島伝説」がある。黄金島は一般には日本だとおもわれているが、現在ではフィリピンのことだったという説も有力である。イスラム商人などは、黄金島をもとめてスペイン人よりはるか昔にフィリ

呂宋の地図

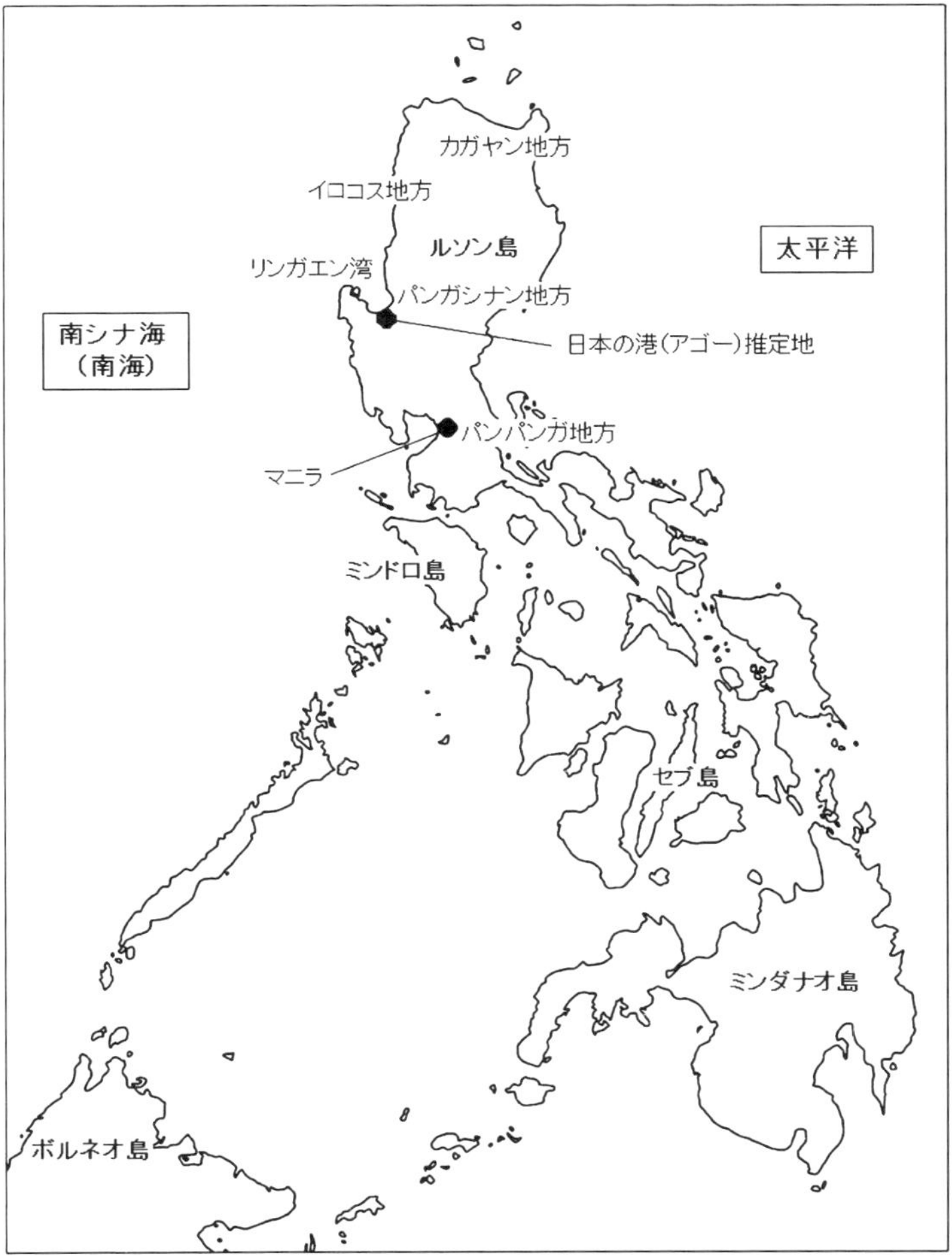
カガヤン地方
イロコス地方
ルソン島
太平洋
リンガエン湾
パンガシナン地方
南シナ海
（南海）
日本の港（アゴー）推定地
パンパンガ地方
マニラ
ミンドロ島
セブ島
ミンダナオ島
ボルネオ島

ピンに到達している。

当時のフィリピンは、たしかに「黄金島」というにふさわしい島々だった。

スペイン文書によると、一五六五年以前のフィリピン諸島は、「現地人は貧しいが、金を産しない島など聞いたことがない」と報告されている。しかも「金の採掘に努力する必要はなかった。イスラム系商人や中国船との取り引きがあるたびに、手近の場所で金を採る」状態だったという。その気になれば、近くの河川でいつでも砂金が採取できたというのである。とくにルソン島の産金は有名だったらしい。

日本人進出を伝える報告は、産金情報の「ついで」にもたらされた。つまりは、「金の出るところに日本人がいた」ことになる。

その日本人とは、ほとんどは商人であろう。

一五七二年には金と交換する商品を舶載した日本船が毎年来航していた、という報告もある。

ルソン島のパンガシナン地方にあるリンガエン湾には、古くから日本人が来航したアゴーという港があり、「日本の港」とよばれた。日本人海商は、ここで日本銀や刀剣、雑貨と金を交換したとされている。

助左衛門も、最初はマニラではなく、「日本の港」で活動をはじめた。

納屋船ルソン島へ向かう

一五七〇年代の日本では、信長の畿内統一が進行中だった。

信長軍は、大坂の石山本願寺との十年戦争を開始し、近江の浅井氏、越前の朝倉氏を滅ぼす。その勢いに乗じ、甲斐の武田氏や中国の毛利氏、越後の上杉氏など各地の強豪大名との全面戦争へ進んだ。

武器調達を担当していた宗久ら堺商人は、以前とはけた違いの規模の物資を調達しなければならなくなった。ところがその一方では、中国の毛利氏と信長の戦争、くわえて九州の戦乱は、九州北部の港を中継する貿易を制約した。

黒船が巨大な船で九州に大量の商品を運びこみ、それなりの値段で畿内まで商品が届くのなら問題はない。中型小型の日本船で、難破のリスクを冒してまで外洋航海して貿易する商人はまだ多くはなかったろう。

しかし、流通コストが高くつき、商品の入手が困難になったりしては、日本船による本格的な直接貿易を考えて当然である。

宗久も、いろいろなルートで輸入品の確保をはからなければならない。

「いつまでも中国船や南蛮船ばかりをあてにしてはおれぬ。琉球船も数が少ない。かくなるうえは、納屋船を仕立てて南海に向かおう。助左よ、お前が行ってくれ」

宗久は、とうとう助左衛門に南海行き納屋船をゆだねた。

「手はじめに鹿皮一万枚、硝石五百斤を集めてきてくれ。その他の物は、お前の判断で仕入れてよい。もうけが大きければ分け前もはずむ」

宗久は、それくらいのおおまかな指示で助左衛門に資金として銀子を渡す。何が起こるかわからない現地での細かい裁量は、現場指揮官の助左衛門にまかせるしかない。

こうして、助左衛門は南海路を利用して鹿児島、琉球経由で呂宋へ渡航した。そして、鹿皮や硝石の仕入れに奔走しながら、現地の地理や産物、習慣、スペイン人や中国人とのつき合い方など、知識を蓄積していった。

スペイン文書によれば、日本人は「勇猛で武器のとりあつかいに長じた」人々だったという。浪人、半商半賊、海賊といった人も多かったからだろう。かれらへの対策上、助左衛門のような日本人海商も武装していた。

ルソン島北部の金産出地であったカガヤン地方には、スペイン側から「海賊」とみなされた日本人集落があった。一五八〇年ごろ、この日本人たちはスペイン艦隊と戦って数百人が殺された。スペイン人とて、現地人おかまいなしの侵略者である。「呂宋金」をめぐる日西初の軍事衝突だったともいえる。

1600年マニラで武装して歩く日本人海商山下七左衛門一行

（オリバー・ファン・ノールト「世界周航記」）

海賊的日本人とスペイン人が争った時代の呂宋。そのような呂宋で助左衛門のようにまっとうな商売をするのは、生半可な覚悟ではやれそうもない。しかし、考えてみれば、戦国乱世を生きぬいてきた日本商人である。ルソン島の商売は、それでもまだやりやすいほうだったのかもしれない。

助左衛門の納屋船も武装し、事が起これば戦う覚悟であったろう。が、むしろルソン島の物騒な日本人たちもうまく利用するくらいでないと、商売はできなかったにちがいない。かれらもやたらに刀を振り回しはしまい。日本の海賊衆のように、それなりの「通行税」を払えば、現地の案内・警護役にさえなってくれたのではあるまいか。

五倍速の錬金術

かつて黄金島と目されたフィリピンは、いまでも金の産出は世界の上位にある。とはいえ、日本、中国、スペインなどの各国商人が呂宋金に群がった十六世紀後半の一時期ほどには、熱いまなざしは向けられていない。

十九世紀なかばのことだが、未開拓だったアメリカの西海岸で「ゴールドラッシュ」が起こった。世界中から殺到した人々で一気に人口が増え、カリフォルニア州が生まれた。十六世紀後半のフィリピンでも、それを彷彿とさせる、外国商人たちによる呂宋ゴールドラッシュが起こった。

やってきた日本船は、呂宋金と日本銀を交換した。その比価は、

「金一に銀二」

である。この比価を現在の金銀相場を知っている人が見たら、腰をぬかすかもしれない。現在は一対五〇くらいである。むろん、当時の世界相場はいまほどに銀が安くはなかった。しかし、それでも一対一〇前後の水準であった。

当時の呂宋金は、安すぎる。

一五六九年、信長が貨幣統制のために出した「撰銭令《えりぜにれい》」では、金銀比価は金一両＝銀

七・五両とされた。一対七・五である。もっとも、これは日本銀増産によってその後数十年の間には一対一〇ほどになる。

いずれにせよ、当時の日本では、金一に対して銀七・五から一〇で交換できたわけである。しかも、それまでの貨幣は「銅銭」だけだったのが、信長は銅銭との交換比率をさだめて金銀も貨幣とみなした。これにより、高額決済用の貨幣として金銀の通用が広がった。しごく簡単で確実なもうけ話ができる。

当時の日本の金銀比価を一対一〇、フィリピンを一対二とする。

日本で金一を銀一〇に換える。その銀一〇は、ルソン島で金五に換えられる。その金五を日本に持ち帰れば、最初の金一が金五に化けたことになる——まさに錬金術。商人でなくとも、だれもが銀を持ってルソン島に飛んでいくだろう。

十五世紀前半の遣明船貿易では、仕入れ値の十倍くらいの売上があったともいわれるが、助左衛門の時代の貿易はどの程度の利益率だったろうか。

遣明船貿易は、とくに初期のころは、明朝が面子を保つためにプレミアムをつけたので利益率も高かった。しかし、助左衛門の時代の貿易は、各国商人による貿易戦争の時代に入っている。さすがに十倍は無理だろう。

すこし時代がくだるが、江戸初期の朱印船の利益率について、岩生成一氏の研究がある。それによると、黒砂糖のように十倍という突出した例もあるが、おおむね仕入れ値の二倍弱の売値というのが相場だったらしい。利益率でいえば十割弱。マカオのポルトガル船の利益率も五割から十割とされており、仕入れ値の二倍の売値になる品物があれば、それは有望な貿易品だったのである。

呂宋金は五倍の売値に相当する。利益率は四十割、抜群に高い。しかも日本では信長が交換率を保証してくれる。いうことなしだ。

金を買うのに、迷いがあろうはずがない。

助左衛門は、鹿皮や硝石の仕入れ以外の資金は、ほとんどすべてを金の購入に当てただろう。ちなみに、毎年一回三年往復するだけで、理論上は金一を金一一五に増殖できる。経費をさし引いても、宗久が分け前をきっちり渡しさえすれば、助左衛門は三年もあれば大資産家になれる。

ところで、大田牛一が「むかしはまれにでも黄金など見ることもなかったのに、いまではどんな人でも金銀をたくさん持つようになった」と書いているが（参考45頁）、その潤沢な金には、呂宋金が多くまざっていただろう。

信長や秀吉は褒賞がわりに家臣に金を配ったが、大名たちも軍資金や贈答品などに金をほしがった。ポルトガル船は九州のキリシタン大名たちの要請に応じ、呂宋産とおもわれる金を日本に運びつづけた。

安土城や大坂城などの建築にふんだんにつかわれた金も、呂宋金だったかもしれない。当時の日本は金の産出国ではあったが、大輸入国でもあったのである。

祭りのあと

呂宋では、その後も金は重要な輸出品でありつづけたが、さすがに「ゴールドラッシュ」は長つづきしなかった。

マニラ建設がはじまった一五七〇年代のフィリピンには、現地人が古くから所持していた金の装身具や金塊が豊富にあった。河川で採取できる砂金もあった。市場には金があふれていた。だから、はじめは安かった。

しかし、手軽に入手できる金には限りがある。外国商人たちが買いあされば、その種のいわばダブついていた金は急速に減少する。おのずと値も上がったろう。

日本はともかく、このころのアジア貿易全体では、金よりも国際通貨になる銀のほうが重要品だった。スペインの目は銀に向いていた。「採掘された金の一〇%から二〇%を税として徴収する」というにとどめ、みずからは金の採掘事業に注力しなかった。市場に出回る金は、現地人たちが生活に必要な物を得るために採取・採掘・精錬したものだけとなり、おのずと量がかぎられていったとみられる。

ゴールドラッシュは、やはり一時の祭りだった。

助左衛門は、錬金術の商売はつづけられないことを早々に悟らざるをえない。

「金の他に、もうけの大きい商品はないものか」

ゴールドラッシュという「祭り」に運よく遭遇し、一躍、徳人になれた助左衛門だが、商人としての本当の戦いは、祭りのあとにやってきた。

松永久秀の「満つれば災を生ずる」のエピソードは、有頂天になっていた助左衛門への戒めだったといわれる。たしかに、二十代で大成功すれば、有頂天になってもおかしくはない。

山高ければ谷深し。一度味をしめた成功体験からぬけ出て、新しい境地で物事に取り組むのは容易ではあるまい。助左衛門も、試行錯誤の期間を長くすごさねばならなかった。

「今度は、鹿皮、硝石、生糸、香木を仕入れてきてくれ」

そのような宗久の要請に応えながら、助左衛門は南海に向かう。呂宋から東南アジア諸国に渡航することもあった。

のちの朱印貿易船には四百人乗りの大船もあるが、織豊時代は一隻当たり百人未満の日本船がまだ多かったとみられる。その商船に、船長、航海士、水夫などの乗組員と客商といわれる便乗商人が船賃を支払って乗船した。

助左衛門は船主兼船長となり、あるときは客商となり、日本と南海を往復しながら、「新しい商品、めずらしい商品、もうけの大きい商品」をさがしつづけた。

助左衛門が貿易商として熟成していく間も、日本の情勢はめまぐるしく変わった。縁ある久秀は一五七七年、信長に反旗をひるがえして壮絶な爆死をとげた。その信長の時代も突如として終わり、秀吉の時代がおとずれた。

一五八二年　本能寺の変。信長にかわって秀吉が統一事業を継ぐ。
一五八七年　秀吉、九州を平定。バテレン追放令を出す。
一五八八年　海賊停止令により、各地の水軍が解体。
一五九〇年　秀吉、関東・東北を平定し、天下統一が完成。
一五九二年　朝鮮出兵。

貿易商の視点になれば、秀吉の九州平定から翌年の海賊停止令までの動きは、商環境を一変させる出来事だった。

それまでの貿易は、自由に貿易できるかわりに保護もなく、略奪される危険があった。それが、略奪者が取り締まられるかわりに、貿易の自由も制約をうけるようになった。秀吉は、長崎を直轄地にして生糸貿易の独占もはかった。朝鮮出兵のころには、朱印状の発給による日本商船の管理統制へと向かっていく。

秀吉時代の宗久は、信長時代のようには羽振りがよくなかった。信長にひきつづき秀吉政権に仕えたが、茶頭・お伽衆としては利休のほうが重用され、商人としては小西隆佐《りゅうさ》のほうが重用された。小西隆佐は堺の豪商で、武将小西行長の父親である。

宗久も六十歳を超え、さすがに衰えた。秀吉の武器調達は、小西隆佐や博多の神屋宗湛らが中心に行った。宗久の政商としての受注力がなくなったのである。そうなれば、本来の商売の実力だけが頼りである。現場できたえられた助左衛門が、納屋一族のなかで頭角を現すのは当然だったろう。

次章では、助左衛門を主人公として、小説風に大坂城呂宋壺販売を追う。

第五章　呂宋壺ビジネス

マニラの台頭、激変する日本

助左衛門は、呂宋でも日本でも、商環境が変化していくさまを目の当たりにした。

呂宋では、一五八〇年代になるとマニラの繁栄が目立った。

その繁栄には、アメリカ産銀と中国製品を交換するいわゆるガレオン貿易が大きく貢献している。ガレオン貿易の恩恵にあずかろうと、中国製品を船載してマニラにやってきた中国人海商らは、またたくまに数千人規模の町を形成した。

それまで「日本の港」があったリンガエン湾の賑わいは、みるみるマニラへ吸い取られた。自由な商売をもとめた助左衛門は、マニラ政庁との接触は極力さけていたが、ルソン島で商売をつづけるには、マニラに拠点をもとめざるをえない状況だった。

そのような状況の一五八四年、マニラ政庁と日本の関係は、スペイン人宣教師の平戸漂着に端を発して新たな局面がおとずれる。

平戸の松浦氏は、翌年マニラへ使者を送り、正式に貿易することをもとめた。八六年には長崎から大村船が、八七年には平戸船がマニラに入港して貿易を行う。

平戸船についてはスペイン文書が残っている。乗船者名に豊後、博多、平戸のほか、助左衛門ではないが堺商人の名もある。客商として乗船していたのだろう。日本人海商たちの南海への進出意欲がにじみ出ているようだ。

マニラ政庁は、それまで呂宋へ渡航してくる日本船には警戒していた。現地人へ武器を売却し、植民地化への抵抗軍に加わったりする日本人がいたからだ。日本船も、マニラへの寄港はさけていた。

しかし、大村船、平戸船以後はマニラ来航の日本船が急増する。

これは、マニラ政庁が、倭寇的日本船を排除するとともに、大村船や平戸船のような、いわば身元のはっきりした日本船を進んで受け入れたからだろう。マニラの貿易振興のため、はじめのうちは日本船への輸入税も課さなかったという。このような貿易統制ができるのは、マニラ政庁の統治力がルソン島に浸透したことを示している。

かれらの報告にある言葉をつかえば、「平和的な」日本船がマニラに来航するようになった。その結果、マニラ日本町には一五九二年に三、四百人、九五年に千人、一六〇六年には一五〇〇人以上の日本人が住みついている。

一方、同時期の日本の変化もはげしい。

「自由都市」堺は、もはや過去のものになった。秀吉時代、石田光成らの吏僚的な武士が堺奉行となり、町政まで管理した。外国に船を出すにもいちいち奉行の顔色をうかがわなければならなかった。

さらに、秀吉は大坂を重視。畿内随一の流通拠点という堺の地位がおびやかされた。くわえて、九州平定が、貿易における堺の地位までゆさぶる。九州の大名たちが、合戦につぎこんできた資力を貿易にそそぎはじめたからだ。大村船や平戸船、薩摩船といった大名系日本船、つまり御用商人や大名が仕立てた商船が南海に向かった。

堺の存在価値は、相対的に低下した。

助左衛門をとりまく商環境は、まさに日ごとに変化した。

呂宋壺を仕込む

茶の湯で珍重された真壺は、遣明船の時代から日本にもたらされた唐物（中国産）の陶磁器である――数寄者でなくとも、それくらいのことはみな知っていた。しかし、その種の知識が、人の目をくもらせることもある。

壺屋で育った助左衛門は、壺がどこで製造されたか、見ればわかった。壺屋時代に見かけた呂宋産の壺は土器類であった。その知識が、かえって災いした。

呂宋にある壺はすべて呂宋産の土器類と思いこみ、絶妙な釉薬が塗られた唐物が現地にあることに気づくまで時間がかかったのである。

あるとき、現地の「壺屋」に、「松島」が無造作に何個もおかれているのを見たときはさすがにおどろき、

「どうして、ここに、こんな壺があるのですか」

と、助左衛門はおもわず壺屋を問いつめていた。

「それは、ときどき漁師や山の民が持ってくる壺です。むかし、中国人が『金』と交換した物だといわれています」

「むかし……というのは、どれくらい前なのでしょう」

「さて、何百年も前のことらしく、よくわからないのです」

「なるほど、で、どのあたりの人が、こういう壺を持ってくるのですか」

壺屋からその地域を聞き出した助左衛門は、早速、案内人を雇って現地に向かった。ルソン島の北西部イロコスの海岸からリンガエン湾まで、何日もかけて沿岸の港を回った。現地の壺屋に見本を見せては、

「これと似たような壺が見つかったら買いとっておいてください」

とたのんだ。そして、日本へ帰る季節風を待つ間、時機をみては巡回してこれとおもう壺を回収した。収集した壺は、リンガエン湾の「納屋」に保管した。

そのいくつかを日本に持ち帰り、宗久の茶室で、目利きしてもらったことがある。

その日、助左衛門が宗久宅を訪ねたとき、宗久は茶室にいた。取り次ぎを待たず、助左衛門は自分の家ででもあるかのようにさっさと茶室に入っていった。

宗久は水指《みずさし》から柄杓《ひしゃく》で水を汲み、茶釜につぎ足していた。茶釜は点前畳《てまえだたみ》（亭主が点前をする畳）に切られた炉にかけられ、すでにグツグツと湯音をたてている。

助左衛門は目礼すると、木箱から茶壺を取り出し、宗久のほうへさし出した。

「この壺の目利きは、いかがでしょう」

茶釜に水を足し終えた宗久は、茶壺の前ににじり寄ると、畳に両手をついて壺の姿形を見つめた。

「呂宋で見つけたのか」

「さようです」

「これが中国ではなく呂宋とはのう。うーむ、なかなかのものじゃのう」

宗久はそういいながら、今度は茶壺を取り上げてしみじみとをながめ回した。唐突に、

「これは名物にはなりませぬか」

と、助左衛門が真顔でいった。宗久は、一瞬、目を丸くしたが、

「ははは、助左、これを名物にして商売しようとでもいうのか」

と、顔をゆるめた。茶壺を膝前に置き、再び畳に両手をついて姿形を見ながら、

「ものは名物の姿形かもしれぬ。が、名物になるかどうかは人しだいじゃの」

そういうと、宗久は点前座にもどり、濃茶《こいちゃ》の準備をはじめた。助左衛門はつづけた。

「宗久さまが銘をつけて箱書きなされば、名物になりませぬか」

「名物は一代にしてなるものにあらず。何人ものすぐれた茶人の手を経てはじめて名物といわれるのじゃ。わしが箱書きしたくらいでは、名物にはなるまいて」

「なるほど、そのようなものでございますか。されど、すぐに名物にはならずとも、この壺をほしがる方もおられるのではありませぬか……。宗久さまであれば、おいくらでこの壺をお買いあげくださいますか」

「五十貫文」

助左衛門の勢いに押されて、宗久はおもわず口にしていた。

五十貫文――仕入れ値の百倍ほどだった。助左衛門がニヤリとしていった。

「ありがとうございます。よろしければ、もう二つご覧になりませぬか」

「こやつめ」

宗久は笑みを浮かべ、茶を練《ね》りはじめた。とりあえず商談成立である。練り上がってさ

し出された濃茶を、助左衛門はおしいただいて三口で飲みほした。

「美味しうございます」

宗久は助左衛門から買いとった壺に「呂宋壺」と銘をつけ、京都の豪商に譲った。その豪商は百貫文を宗久に届けた。

それを聞いた助左衛門は、

「宗久さまの箱書きは、やはり力がありましたな。いかがでしょう。呂宋壺を毎年、ご入用ではありませんか」

「そうよのう。あのような名器であれば、所望される方も多かろう。そのような方のために何個か手元においておくのもよい」

「承知いたしました。これから呂宋へ渡ったおりは、かならず持ち帰ってまいります」

「助左よ、呂宋の壺ならなんでもよいというわけにはいかぬぞ。名器だけ集めてまいれ。名器であれば、わしも手元におく。ご覧になった方が所望されたとき、自信をもってお譲りもできる」

「となると、わたしの目利きもカギをにぎっておりますな」

「さよう。現地で目利きができるのは、お前しかおらぬ」

こうして、助左衛門が持ち帰った何個かの「呂宋壺」が、宗久から数寄者に渡った。いずれも名器というにふさわしいものだったため、口から口へ「呂宋壺」の評判は広がっていった。

助左衛門は、その評判をこわさないように、自分が目利きして名器とおもう以外の壺は決して日本に持ち帰らなかった。ただ、助左衛門にすれば、

(「松島」とさほど変わらぬはずなのに、なにゆえ一桁も二桁も低い値で取り引きされる)

と思わずにはいられなかった。そこで、あるとき宗久へ、

「物もすぐれ、宗久さまのお目利きにもかない、数寄者の方にもすこぶる評判がよいとうかがっております。それでも、呂宋壺は『名物』とはなりませぬ。わたしには、やはり納得がいきませせぬ」

「はじめにいうたであろう。何人ものすぐれた茶人の手を経て名物が生まれると。わしは、せいぜいその何人もの茶人のうちの一人にすぎぬ。わしの目利きひとつで名物にする力はあるまいよ」

このあたりが、宗久の茶の湯へ対する思いの表れだったかもしれない。

茶書『南方録《なんぼうろく》』に、宗久の点前は利休におとらず見事であるけれど、「思い入れたることなき茶人なり」という評がある。結局、信長にも秀吉にも茶頭としては利休のほうが重

んじられたのは、茶の湯への「思い入れ」が足りなかったからだというのである。

利休や宗及とちがい、堺に地盤がなかった宗久がのし上がるには、茶の湯そのものより茶の湯の政治利用に目を向けざるをえなかった。そのあたりが、宗久の茶の湯の限界だったのかもしれない。

「宗久さまのお目利きでもむずかしいとなると、いたしかたございませぬな」

助左衛門があきらめ顔でいうのを、宗久はじっと見すえていった。

「いまの利休どのなら、名物にしてしまわれるかもしれぬ」

利休と名物

そのころの利休は、秀吉の茶頭、お伽衆の務めに追われ、秀吉の居所となっていた京都聚楽第《じゅらくてい》の屋敷につめていた。あるとき、めずらしく堺の邸宅に利休が帰ってきていると聞いた助左衛門は、急いで訪ねていった。

座敷に通されると、挨拶もそこそこに、助左衛門の前にゆったりと座している利休へ、

「むかし、宗久さまの松島の壺を拝見したことがございます」

と、きりだした。

「ほう、それは、よい物を見させてもろうたな」

「利休さまにも、三日月や橋立を拝見させていただいたことがあります」

「おお、そうであった。さようなこともあったのう」

「はい、よき物を拝見しました。いまも姿形はよく覚えております……どこがどうよいかうまく申し上げられませんが、ただの壺とはちがう趣を感じましてございます」

「うむ、感じられれば、それで十分じゃ。言葉はなくともよかろう」

「ありがとうございます。じつは、本日は利休さまに見ていただきたい物がございます」

助左衛門はそういって、傍らの木箱から壺を取り出した。

「わたしは、この壺に、あの松島や三日月や橋立を拝見したときと同じ趣を感じ、これをお持ちいたしましてございます」

「ほう、松島や三日月、橋立と……。なるほど、これは見事な真壺じゃ。しかも宋代の物と見た」

利休は、そういうと壺を手元にひきよせ、じっくりとまなざしをそそいだ。

「なり、ころ、つち、くすり、申し分ない名器じゃ、これは」

なり（形）、ころ（大きさ）、つち（土）、くすり（釉薬）のバランスがとれて、利休の目利きをしても逸品だという。

「さようでございますか。お持ちした甲斐がありました……。よろしければ、利休さまの手元においてくだされば、うれしうございます」

「なに、それは本当か。いろいろな方々から道具を所望されるが、お渡しする物がなくて困っておったところだ。ちょうど茶壺を所望している方もおられる……。じゃが、このような名器をただもらうというわけにはまいらぬな」

「いえ、名器になるのは、利休さまのお目利きがあってのこと。もし、これをお望みの方があり、利休さまがその方にお譲りになってお代をいただくことでもありましたならば、そのときはその一部でもいただければありがたいことです」

助左衛門は、いいにくいことを、さらりといってのけた。利休は一瞬の間をおいた。

「なるほどのう……。それでよければ、ありがたく頂戴させてもらうぞ」

「ありがとうございます」

助左衛門にすれば、これでこの壺に関しては商談が成立したことになる。利休は、この壺ひとつかぎりのこととして、それ以上は気にとめていない様子である。

「して、この壺は、やはり中国から取り寄せた物なのか」

「いえ、呂宋の壺屋で見つけてございます」

「なに、呂宋とな。なにゆえ呂宋にこのような宋代の名器があるのじゃ」

「それはわかりませぬ。されど呂宋には、古くから、唐物だけでなく南海の国々の焼き物も持ちこまれていたらしく、じつにいろいろな壺がございます」

「助左よ、おもしろいところに目をつけておるのう……『見立て』というての、わしは、唐物、和物にとらわれず、雑器、漁具、農具にもとらわれず、その物自体を茶道具として目利きする。この呂宋の壺の出所がわからずとも、名器であることには変わりない」

「よくわかりましてございます……。それならば、次にお会いするときは、名器をいくつもお見せできることと存じます」

その言葉に、利休は瞠目《どうもく》した。

「うむ、用件はそれであったか……。わしの目利きを商売にしようというわけか」

利休の目には、つきさすような光があった。が、助左衛門は動じない。

「はい、そうかもしれませぬ。されど、喜んでいただける方へ、喜ばれる物をお届けする。それが商売とおもうております。されば、これも立派な商売だとおもっております」

と毅然として応えた。利休は澄んだ声でいった。

「助左よ、それはそれでよい。じゃが、わしは茶の湯を商売とはおもうておらぬ。商売とおもえば、それはわしのおもう茶の湯とはちがうものになる。じゃが、道具の楽しみ方はいろいろあってよい。とらわれず、相応に道具を楽しめばよい。わしと知りおうた方がわしの目利きした道具を所望されるかぎりは、お前が持ってくる物も、そのあたりの砂浜にある漁具も、同じく目利きする。それだけのことじゃ」

「ありがとうございます」

「ことわっておくぞ。目利きはするが、お前の商売のための目利きはせぬ」

助左衛門は、深々と頭を下げた。

こうして、助左衛門は呂宋壺を利休と宗久へ届けるようになった。数は少なかったが、いずれも逸品ばかりである。それゆえ手にした茶人たちの評判はすこぶるよかった。利休が所持した真壺ということもあり、数百貫文もの値がつくものもあった。

「呂宋から渡ってきた真壺は、なかなかのものらしい。利休や宗久さまもお持ちになっているらしい」

数が少ないだけに、かえってうわさがうわさをよんだ。そのうち、

「千貫文でないと手に入らないらしい」

「いや一万貫文だ」

と、勝手にうわさのなかで値上がりしていった。

「呂宋壺ブランド」が、形成されていった。

利休死す

一五九一年の春、助左衛門はマニラにいた。

入港してきた日本船の商人から、信じがたい話を聞いた。

「千利休が、関白さまのご勘気にふれ、自害させられた」

「なに……」

助左衛門はそういったきり、しばらく絶句した。

われにもどると、相手を問いつめた。

「なぜ、利休さまが自害せねばならぬ」

「大徳寺山門の利休の木像が、下を通る関白さまを踏みつけにした罪、と聞いた」

「ばかな。ほんとうにそれが理由なのか」

「うむ、利休の首は木像に踏ませ、さらされたそうだ」

「なんということを……」

助左衛門は言葉がでなかった。

「たしかに、まともな理由ではない。何が本当にあったのか、われら下々の者にはわからんことよ……。そういえば、売僧《まいす》の罪で死を賜ったといううわさもあったな」

売僧——僧でありながら商売などで私腹を肥やす者を非難していう言葉である。

「さようなうわさ、根も葉もない……」

あまりの憤りに、助左衛門はふるえる声をしぼりだすのが精いっぱいだった。

利休は、法名こそ授かっているが本当の僧ではない。それは秀吉が一番よくわかっていたはずだ。利休は、商人として秀吉の武器調達をしたこともある。また、茶道具を取り引きするのが売僧だというのなら、数寄者はすべて売僧といえなくない。

（利休さまが売僧であるわけがない）

助左衛門がいかに懇願しても、利休は自分が気にいった壺以外は他の茶人に見せることはなかった。所望されて人に譲っても、謝礼の額は相手まかせだった。結局、

（安い壺をできるだけたくさん高値で売って大もうけする）

という助左衛門のたくらみとは真逆を、利休はした。

助左衛門にとって、商売としての「うまみ」は期待したほどには大きくなかった。

しかし、それはそれ。利休の妥協を許さない美へのこだわり、新しい茶の湯を追求しつづけるその生きざまは、助左衛門には心地よいものがあった。

海賊たちとわたり合い、命がけで商売してきた助左衛門が、堺のなかで落ち着いた気持

ちになれるのは、一途に気を張りつめているような利休といるときだった。商売を度外視しても、利休とかかわっていたいという気持ちは強かった。

宗久は貿易商となった自分の父親代わりだが、利休は尊崇の対象であり、心の拠りどころのような存在になっていた。その利休が、理不尽に殺された――そうおもうと、助左衛門の怒りは大きくなるばかりだった。

「はなしにならぬ。とどのつまり、秀吉は、利休さまが自分のおもいどおりにならないのが気にくわなかっただけなのだ」

昨年、小田原遠征の最中に、利休の高弟山上宗二が秀吉の怒りを買い、無残にも耳と鼻を削がれて打ち首にされた。宗二は秀吉の茶頭も務めた人だが、その発言から勘気をこうむって放逐された。それが、利休の仲介によってようやく秀吉と面会できたのに、再び秀吉の怒りを買ったのである。

小田原でそんなことがあってから、利休が堺に帰ってきたのは、助左衛門が初冬の凪にのって呂宋へ出帆しようとしていたときであった。

「無理をして宗二を上さまに会わせなければよかった」

利休らしからぬ後悔の言葉を聞いたとき、助左衛門はわが耳をうたがった。よかれとおもって仲介したが、愛弟子を殺す結果になった――普段は感情を表にしない利休の悔しさが、助左衛門にも痛いほど伝わってきた。長く利休を見ているが、あのような苦悩の表情を見たのははじめてだった。

助左衛門は、そのとき、いやな予感がした。

(秀吉の宗二への仕打ちは、前兆にすぎないのではないか。小田原遠征の成功が見えて天下が自分の手のひらに乗ったとおもったとたん、秀吉のなかで、それまで利用してきたもののの位置づけがガラリと変わった。利休さまも、堺も、これまでのようには必要でなくなった。その秀吉の心境が、宗二惨殺に表れたのではないのか)

そんな気がしていた。

助左衛門は、利休の死の無念をおもいながら、これからの日本を覆うであろう秀吉政権の横暴さと向き合わねばなるまいとさとった。

次の時代へ

利休が自害してからふた月としないうちに天王寺屋宗及も亡くなった。

天下三宗匠の利休、宗及、宗久は同世代である。三人は茶の湯の長い交流でむすばれていただけではなかった。ともに堺の激動の歴史をのりこえたという連帯感もあったろう。

三家はすでにその子らが継いで隠居の身ではあったが、老いてなお利休がみせる新しい茶の湯への情熱は、宗及、宗久にとっても心の張りになっていたにちがいない。その張りが、突然、切られてしまったのである。利休、宗及の死から二年後、才覚一代で堺の大豪商にのし上がった宗久も、静かにその息を引き取った。

宗久の納屋家は、その子宗薫が継いでいた。助左衛門とは同世代である。

宗薫は、宗久にならって政商の道をあゆんだ。秀吉の茶頭やお伽衆も務めた。納屋一族の頭領として、政治向きのことを担当するのが自分の役割とおもっていた。助左衛門とて、それに異存はなかった。ただ、

「自分が権力者とうまくやって納屋一族の利権を守ってやる。だから、お前たちはおれの指示にしたがってさえいればよい」

と口にはしなくとも、それが宗薫の態度のはしばしに露骨に表れた。海難や海賊の危険をくぐりぬけて帰ってきた納屋船へのねぎらいの言葉より、積載品の中身を心配する言葉がつい先に出てしまう。そんな宗薫と助左衛門とはなかなか「そり」が合わなかった。

宗久が亡くなってしばらくしてから、宗薫は助左衛門を呼びつけた。

一五九三年秋、時は朝鮮出兵のさなかである。

「朝鮮へ兵糧やらを運ぶ船をさし出せとのお達しがあった。助左よ、これを機会にわが納屋一族は、いまある手持ちの船をすべてさし出し、ひとまず船持ちをやめようとおもう。ただし、おぬしが望むのなら、おぬしの持ち船はそのままでよいぞ」

「さようでございますか。わたしの船は小型のうえ、もうくたびれております。お渡ししてもお役には立ちますまい。このまま、つかわせていただきとうございます」

「うむ、それならそれでよい」

「……それより、これからの異国との交易をどのようにお考えですか」

助左衛門が、かねてから宗薫に会ってたしかめたいとおもっていたことである。

「うむ、いまや異国との交易は大船の時代になった。黒船にまけないくらい安全な大船を仕立て、たくさん客商を集め、大量に品物を運ばなければやっていけなくなるだろう」

「……なるほど、わたしも、そうおもうておりました」

助左衛門は、貿易のことで宗薫と意見が一致したのは、これがはじめてではないかと内心おどろいた。

「今度の朝鮮出兵では大船がたくさんつくられた。中国船や黒船の造りを採りいれたものもある。九州の商人たちは、そんな船で南方に向かっている。われらも、かれらに負けないような大船を仕立てねばなるまい」

「たしかに……。薩摩などには、黒船の船大工から学んだというだけあって、頑丈で船足の速い船があります。わたしも、いまの納屋船は薩摩までの廻船用として、呂宋へ渡るときは薩摩船を利用しております」

「朝鮮用の兵船をつくっている紀伊や土佐の船大工たちも、いくさはまだ終わっておらぬというに、商船の注文をくれといってきておるわ」

「では、納屋としても、新しい大船による交易をお考えですか」

「そうおもっている。そのときは助左、おぬしに指揮してほしい」

（宗薫のほうから頼むというのはめずらしい）

とおもいながら、宗薫の表情に以前には見られなかった真摯さがそなわっていることに助左衛門は気づいた。親父さまを亡くして一家を背負う自覚がそうさせているのか——ともかく助左衛門は、宗薫と向き合う姿勢を自然に正していた。

「そのときは、よろこんでそうさせていただきます」

と助左衛門がうなずくと、

「ひとつ問題がある」

「はて」

「朱印状じゃ。これからは、朱印状がなければ、異国との交易ができぬようになる」

朱印船貿易の予兆

そのころのマニラでは、日本人は市外の一角「ディラオ」におしやられていた。商取引は、そのディラオ日本人町のなかでやらされた。

どうしてそんなことになったのかといえば、朝鮮出兵の前、秀吉がマニラ政庁に「服従せよ」という文書をつきつけたからである。マニラ政庁には、日本と戦うほどの軍備はない。朝鮮出兵の日本軍がいつ自分たちに向けられるかと恐怖した。ディラオ日本人町は、日本人の反乱をおそれるマニラ政庁の隔離策だった。

マニラに入港する日本船も監視された。日本軍が朝鮮へ渡海する直前の一五九二年前半は、緊張が最高潮に達した。小さな日本船でもその積荷を調べられ、尋問を受けた。

そのときの尋問記録に、当時のマニラ貿易の様子が次のように記されている。

「その小さな日本船は、平戸を出てから四十五日でマニラに達した。途中、船長が、他にもマニラに向かう船を目撃した。平戸に黒船一隻、中国船一隻、薩摩の阿久根に日本船一隻、坊津に中国船一隻」

つまり、この日本船は、平戸、阿久根、坊津などの九州西岸の港に停泊し、坊津から南西諸島ぞいに琉球を経由してマニラに達したとみられる。

また、日本船だけでなく、日本の品物を積載した中国船も、マニラとの間を往来していたとわかる。このような中国船は、明政府からみれば海禁策に反するだろうが、日本とマニラの間を往復しているかぎりは取り締まりようもなかったろう。

目撃された船は、どれも百トン以上、百人は乗せられる大船だったという。

ちなみに、助左衛門が使用していたであろう日本船は、尋問を受けた船と同規模のものではなかったかと推測している。その船は、日本人二十二人と中国人八人を乗せていた。積荷は鮪、ハム、小麦粉二十トン、銅一・二トン、綿布一六〇〇枚、刀を一杯つめた箱三個、ほか一五〇本のバラ積みの刀だった。

この日本船の船長は、尋問されたなかで、

「日本では品物を積んで外国に出かけるのに許可を受ける必要はありません」

と答えている。たしかに、これ以前はそうだったのだろう。

ところが、マニラ政庁と秀吉政権との交渉のなかで、そうした貿易の自由を制限する通商条約案がもちあがった。一五九三年八月、名護屋にいた秀吉に謁見したマニラ使節は次のような提案をした。

日本皇帝（秀吉）は――

海賊や密貿易船を禁止する。

日本商船に、通商を証明する印章と署名のある特許状を与える。

特許状をマニラ長官に提示する。


ここにある「特許状」は、のちに海外渡航許可証としての「朱印状」と同じはたらきをするものである。秀吉はこのとき、提案に対する返答はしていない。しかし、このあとも水面下での交渉はつづき、一五九六年、肥後（熊本）の大名加藤清正がマニラに派遣した商船は、すでに朱印状を携えていたとされる。

また、一五九七年、秀吉からマニラ政庁へ、

「そちらの商船が、（秀吉が送る）許可証を携帯してくるなら、決して日本で害が加えられないようにする」

と、前年の加藤清正船への厚遇に応じたらしい書簡も送られている。

朱印船貿易は、このような経過を経て成立し、家康に引き継がれたと考えられている。

秀吉の茶頭やお伽衆であった宗薫は、こうした貿易の最新情報に、いち早く接する機会があった。外交顧問のお伽衆たちが周囲にいたからだ。

宗薫は、マニラ使節の条約案のことを聞きながら、遅かれ早かれ、秀吉政権が朱印船貿易、つまりは「許可された船だけが貿易できる」方向へ進むだろうことが、よく見える立場にいた。

一方、貿易の現場にいる助左衛門も、もれ聞こえてくる話や変わりつつある貿易環境を目の当たりにし、早晩、自由な貿易ができなくなると感じとっていた。

「いくら大船をつくったところで、上さまの許可がなければ異国との交易はできなくなる」

宗薫が、不安げにいった。

「たしかに。時代が変わりましたな。こうなってみると、一昔まえ、あの戦乱のなかの商売のほうが、かえって自由でした。戦乱を鎮《しず》めてもらったかわりに、商売の自由をわたさなければならなくなったということでしょうか」

「そうやもしれぬ」

「で、いかがなさろうと……。幸い、宗薫さまは、太閤さまのお気に入りの一人ではございませぬか。このさき、朱印状がなければ貿易ができなくなるにしても、納屋船の朱印状がもらえないということはありますすまい」

太閤さま——と宗薫向けの言葉をつかいはするが、助左衛門の心のなかでは「秀吉」である。敬愛する利休の命を奪った男。「さま」づけするのは苦痛であった。

「うむ、まあ、宗仁さまにお願いすれば、朱印状は手に入るだろう」

宗仁とは、長谷川宗仁。そのころの呂宋外交の責任者になっていたお伽衆である（参考91頁）。宗仁は宗薫の父宗久と親交があったうえ、宗薫ともお伽衆仲間である。

「ならば、なにも問題はないではありませぬか」

「当面はな。じゃが、このごろ上さまのお心がまったく見えぬ。何を好まれ、何が気に召さぬのか、ますますわからなくなっておる」

「宗薫さまがわからぬものを、わたしなどがなにか申し上げることもありませぬ。わたしは荒くれどもを相手に、船の上にいるのが似合いの人間。お城や茶室で人を喜ばせることなど到底できぬ人間でございます」

いったそばから、助左衛門は、

（しまった。これは皮肉にしか聞こえまい。おのれはいわずともよいことをいう）

と自戒した。宗薫は、苦笑いしている。

「このようなわたしでも納屋のためにお役に立てることがありましたならば、なんなりとお申しつけください」

そういって、その場を取り繕うしかなかった。が、宗薫はその言葉を待っていたらしい。

商機到来

「そうか。ありがたい。じつは、ひとつ頼みがある」

「はい」

「呂宋の壺じゃ」

「と、おっしゃいますと……」

助左衛門は、これまで宗薫と呂宋の壺の話をしたことは一度もない。

「おぬし、わが親父どのや利休さまに、呂宋壺を売っておったろうが」

助左衛門は、意表をつかれた。

「売ったなどと、めっそうもないことでございます。お気に召した壺だけをお譲りしたのです」

意固地そうに応えた助左衛門を見て、宗薫は笑みを浮かべた。

「まあ、よい。ともかく、それと同じ呂宋壺をたくさん持ってきてはくれぬか」

「たくさん、ですか……。その呂宋壺をどうなさいます。宗久さまや利休さまにお持ちしたような逸品は、そうざらにある物ではございません」

「だからじゃ。呂宋壺は名器ばかりだといううわさが、上さまの耳に入っておる。利休さまのお目利きにかなった壺だというので、名物なみの値段で手に入れようとする数寄者もいる。この夏、名護屋におられた上さまは、呂宋から着いた日本船、中国船の商人たちへ、よい物があればすべて買いあげるといわれ、積荷の壺を実見された」

「なんと、そのような大ごとになっておりましたか」

「そうか、おぬしは、二年ぶりに帰ってきたばかりで知らなんだか」

助左衛門は、新しい貿易ルートを開拓しようと呂宋とカンボジアの間を往来し、まる二年は日本にいなかった。

宗久の容態がよくないという便りが届き、この夏、日本へ帰ってきた。宗久は、助左衛門の帰りを待っていたかのように息を引き取った。

その後事や留守中の始末に追われ、宗薫と膝をつきあわせて話をするのも、今日がはじめてだったのである。

「いわれてみれば、真壺をさがす中国や日本の商人がマニラにおりましたわ。わたしが呂宋壺をはじめて宗久さまにお持ちしたのが、もうかれこれ六、七年前。そろそろ呂宋の真壺が知られても、おかしくないとおもっておりました。平戸の助大夫という男など、マニラ中をさがして三個も逸品を見つけたと喜んでおりました。あまりに熱心なので世話もやきましたが、なるほど、太閤さまが直々に『呂宋壺』をお買いあげくださるというなら、目の色も変わるかもしれませぬな」

ちなみに、平戸助大夫は、のちに朱印船貿易家に名を連ねた商人である。

「呂宋でもそのようなことになっておったのか。朝鮮出兵の軍費調達のため、上さまは、生糸の他にも、買い占めて利益になりそうな品物をさがしておられた。『唐物』や『呂宋壺』も、そのひとつになるとおおせになっていたのだ。それが商人たちにも伝わっていたということかのう」

「生糸とはちがい、呂宋壺の売値はあってないようなもの。仕入れ値も安い……。このようなもうけ話は、不思議なほど伝わるのが速いのでござろう」

「たしかに」

といいながら、宗薫は、なにか思い出したのか、すこしうれしそうな顔になり、

「ついでながら、聞いた話だが、その平戸の助大夫とやら、その者が持参した三個の壺は、松浦公を通じて上さまもご覧になっておる」

「なんと、そうでしたか……。して、その首尾は」

「三個とも、つき返された」

宗薫の顔は笑っていた。助左衛門も、ニヤリとしたが、

「ほう、お買いあげにならなかったわけですか」

（あの壺では、秀吉の気に入らぬということか）

助左衛門は、マニラで助大夫からその三個の壺を見せてもらっていた。三個とも侘び茶の壺としてはよい出来であるとおもった。しかし、一点の華やかさもないという徹底ぶりは、どうやら秀吉の好みではないらしい。

「現地の商人が茶道具の目利きをするのはむずかしいようだ。そのあたりにある壺をただ持ち帰っても、さすがに上さまの目はごまかせないということじゃ。実見されたが、ほとんどそのまま返された」

「たしかに、外国に行って物を仕入れる商人というのは、海賊も相手にする武骨者ばかり。目利きはむずかしいかもしれませぬな。されど、助大夫どのが選んだ壺はわるくはありませなんだ。太閤さまは、本当にお買いあげになるのでしょうか」

「それは心配あるまい。つい先日、施薬院全宗《せやくいんぜんそう》どのは、名護屋で手にいれた壺を金二十五枚で上さまに召し上げられたと申しておった」

施薬院全宗も秀吉のお伽衆である。

「なるほど、それなりの価格でお買いあげくださるというわけですか」

「そういうことじゃ」

「……」

助左衛門は、おもっていた。

(利休さまのお目利きで呂宋壺を高値でたくさん売る、というのはおもったほどにはうまくいかなかった。それは、利休さまの茶の湯が商売になじまなかったからだ。それはそれで納得できる。じゃが、秀吉はあからさまに茶の湯を商売の具にしようとしている。その点は、天下人でも茶人でもない。商人だ。であれば、遠慮なく、商人同士の駆け引きをやらせてもらおう)

それに――と助左衛門はおもった。

(利休さまが価値を高めた呂宋壺を秀吉に売らせることができれば、利休さまへのなによりの供養になるだろう。利休さまを売僧だなどとはいわせぬ。茶壺を買い占めて高値で売ろうとしている秀吉こそ、売僧の権現といわれてしかるべきであろう)

利休の壺御用達商人

「じつは、上さまは、おぬしを名指しで、呂宋壺の仕入れを依頼されている」

「はて……それはなにゆえでございますか」

「おぬしの壺が、利休さまのお目にかなったからじゃ」

「なんと、太閤さまは、利休さまを殺しておきながら、さような考えをおもちなのですか」

「これ、めったなことをいうでない。いまも上さまが利休さまの茶の湯を重んじておられることにかわりはない。あの件は、だれも口にせぬ。おぬしもわすれよ」

(重んじているのではない。利休さまの名がつけば、壺の値段がはね上がるからであろう。ただそれだけ。秀吉には、もはや利休さまへの敬愛の情など寸毫《すんごう》もあるまい。その証拠に、利休さまのご子息は蟄居、謹慎のままじゃ)

助左衛門は、宗薫が務めとはいえ、秀吉の肩をもつ発言をするのが鼻について我慢ならなくなってきた。

「……わかりました、口にはしますまい。しかし、わすれはしませせぬ」

「助左よ、たのむぞ。いずれ、おぬしが上さまの前に出るとき、さような態度がおもてに出ては、わしの立場もあやうくなる」

「わたしが、太閤さまにお目見えすると……」

「さよう、利休さまをたぶらかした男を見てみたいとおおせだ」

「利休さまをたぶらかした……」

「上さまは、おぬしが、利休さまのお目利きを商売にしようとしたとおもっておられる」

「……」

図星である。

「おもしろいことを考える男じゃともおおせだった」

「……なるほど、それで、今度は太閤さまが利休さまのお目利きを商売にしようと」

宗薫は、それには答えたくないというように、

「さて、それはともかく、上さまがお気に召す呂宋壺を集められる自信はあるのか。今回は、助大夫とやらのように、持参した壺をつき返されてもご愛敬とはいかぬ。上さまは、おぬしの呂宋壺にただならぬ期待をよせておられる」

「ご心配にはおよびませぬ。三個といわず、何十個も逸品をとりそろえましょう」

助左衛門は自信があった。なぜなら、すでに何年も前から、利休や宗久の目利きにもたえそうな質の高い壺をリンガエン湾の納屋に集めてある。そのなかから、助大夫が選んだ壺とはちがう、秀吉ごのみの壺だけを持っていけばよい。何が秀吉好みかは茶頭の宗薫からおしえてもらうこともできる。

それに、秀吉は、「助左衛門が集めた壺」、つまり「利休の壺御用達商人がもたらした呂宋壺」という銘をほしがっているのであろう。よほど粗末な物でもないかぎり、秀吉がつき返すことはあるまい、とふんだ。

宗薫は、つづけた。

「もうひとつ、おしえておくことがある……。組屋のことだ」

「組屋……。大道町に店をかまえているあの組屋でございますか」

「いや、あそこことも縁があるようだが、若狭の御用商人だ。石田光成さまらご奉行衆がなにかと重用されている。組屋は年貢米の売買権をもらうかわり、奉行がたのために品物の調達を行う。いまや若狭一の豪商といわれ、北陸、北国方面の品物を一手にあつかって財をなしている。この度の朝鮮出兵では、硝石や鉛などを異国との交易で調達した」

「そういえば、薩摩船の客商のなかにも、組屋を名乗る商人がおりました。あれがそうでしたか……。しかし、その組屋がなにか」

「おぬしとは別に、ご奉行衆が呂宋壺の仕入れを命じた。おぬしと同じように来年早々の船でその配下の商人が呂宋へ向かうだろう。その動きには注意したほうがよい」

「なにゆえ、ですか。ただの競争相手ではございませぬか。それに、かれらは簡単には壺を集められますまい。気にすることはございません」

「いや、おそらく、かれらの本当の目的は、おぬしの呂宋壺仕入れのやり方を盗むことではないかとにらんでおる。」

「……といわれると」

「上さまは、商人を介さず、みずから仕入れることを考えておいでなのだ。ただの土くれが信じられない値段になる、しかも、その土くれが呂宋にはごろごろしている。こんな楽な商売を人にやらせる必要はない……上さまとご一緒していると、そんな考えをおもちなのではないかとおもえてくる」

「それは、つまり、呂宋壺のもうけはすべて、太閤さまが一人占めにすると」

「ありていにいえば、そういうことじゃ」

「あははははは、それはおもしろい。なんと強欲なお方なのでしょう。太閤さまは、商売の権現さまのようなお方でございますな」

助左衛門は、本当に笑った。

（秀吉という男は、やはり天下人になるだけのことはある。底なしに強欲なのである。善悪是非はともかく、その強欲さがおかしい――海賊の親分と変わらぬ）

助左衛門は、そう思うと、なにかがふっきれた気がした。

「宗薫さま、どちらにせよ、今回の呂宋壺の商売、この一回かぎりとおもうております。

組屋の好きにさせればよいでしょう」

「……一回かぎりとな」

「さようです。さきほどは申し上げませなんだが、お話しするうちに腹が決まりました。わたしは、この呂宋壺の件を最後に、商売の本拠をカンボジアに移したいと存じます」

「な、なにゆえ……」

「前からずっとおもうておりました。わたしは、戦国乱世がしずまるほど、自分は戦国の商人だという思いが強くなりました。命の危険があろうとも、自由に商売できるほうが生きている気がします。日本にはもう、自分の居場所がなくなったようにおもいます」

宗薫は応えず、ただ助左衛門の目を見た。

黙ってしばらく目を合わせた。宗薫が静かにいった。

「さようか……。おぬしとは長いが、自分とはちがうヤツとおもうてきた。じゃが、いま、おぬしがいったことは、なぜか手にとるようによくわかる。わしもどこかでおぬしのように生きたいとおもっているのかもしれぬな……。よかろう、ひきとめはせぬ。むしろ、おぬしがわしを必要とするときは、いつでも力にもなろう」

「ありがとうございます」

助左衛門は、はじめて宗薫と話をしたような気がしていた。それは、宗薫とて同じだったかもしれない。

二人は、助左衛門が翌年呂宋に向かうまで、何度も茶席をともにした。

西類子と組屋の顚末

助左衛門がマニラを出港するとき、見送ったのは西九郎兵衛である。

九郎兵衛は肥前の大村氏の家臣だったが、武士を捨てて貿易商をこころざし、マニラのディラオ日本町に移住していた。スペイン語を習得し、通訳や貿易業務にたずさわり、のちに家康の外交顧問、朱印船貿易家として名を馳せる。洗礼名ルイス。西類子である。

助左衛門は、九郎兵衛にディラオの店屋敷、リンガエン湾の「納屋」と呂宋壺の収集もまかせた。自分がカンボジアに活動の拠点を移しても、貿易にたずさわるにはマニラや日本とのつながりは必要である。そのマニラとのつながりを、九郎兵衛という人物一人にゆだねたのである。

店や屋敷など形ある物は、一航海の間にさえ、火事や政変、配下の商人の裏切りなどで跡形もなく消え去ることがある。助左衛門は、九郎兵衛のように信頼できる人間とのつながりこそ、何物にもかえがたい財産であることを知っていた。

九郎兵衛は、のちに堺に居をかまえるとき助左衛門の故宅を買いとったとみられる（参考106頁）。それは、マニラ時代はもとより、カンボジア時代の助左衛門とも貿易を通じてむすびつきがつづいていたからであろう。

助左衛門は客商として、薩摩船に、リンガエン湾の納屋で選んだ呂宋壺五十個、秀吉への献上品、ほか納屋一族から依頼された商品などを積載した。

例の組屋は、助左衛門とは別の薩摩船に便乗した。

組屋はマニラ中の壺屋をさがしまわったが、つけ焼刃でよい壺が見つけられるものではない。結局、かれらが集められたのは、助左衛門の呂宋壺より何ランクも低い壺九個が精いっぱいだったようだ。

助左衛門や組屋を乗せた船などからなる日本船団は、一五九四年七月、マニラを出港した。船団には、マニラ政庁の使節である宣教師四人、スペイン人貿易商のアビラ・ヒロン（『日本王国記』の著者）が乗船した船もふくまれていた。途中、暴風雨に遭遇するなど長期におよんだ航海の過酷さからか、宣教師一人が亡くなっている。

船団が薩摩に到着すると、助左衛門は廻船に乗りかえ、南海路で堺へ向かった。使節や組屋は、九州西岸を平戸方面へ向かった（参考85頁）。

組屋は、後に石田光成らの奉行に呂宋壺売上報告書を提出している。それには、仕入れにあたり、路銀として薩摩で壺一個を銀子七二〇匁《もんめ》で売り渡した。さらに「長崎のじょうちん」なる者（後の朱印貿易家の平山常陳か）へ壺一個を渡したことが記されている。すなわち、組屋が薩摩船を利用し、九州西岸ルートで壺を持ち帰った傍証になっている。

売上報告書によれば、組屋は同年十月、助左衛門とは別に京都で壺六個を金一三四両で販売した。金一三四両は五千万円相当。助左衛門の名物なみの呂宋壺にくらべればかなりの安値だ。ちなみに、秀吉が前年、施薬院全宗から金二十五枚で壺を召し上げているが、金二十五枚は二五〇両、約一億円である。

『当代記』に、

「この春るそんへ渡った商人が壺をたくさん持ち帰ったが、またたく間に上下の者が買いとった。ところが、冬になって太閤秀吉がこれをお聞きになり、日本国の珍宝というべき物を、そのような安値で取り引きしてはならぬとおおせになってことごとく召し上げられ、翌年になってその倍の値段をとってこれを前の買主たちへ下げ渡された」（著者意訳）

とあるのは、組屋が販売した壺ではなかろうか。石田光成らに呂宋壺の仕入れ販売を命じたのは秀吉だが、光成らが委託した組屋が予想外の安値で販売したことに気づいた秀吉が、あわてて召し上げたとみてもよさそうである（参考94頁）。

秀吉と対峙する

助左衛門は、堺に到着するや、宗薫とともに堺奉行の石田正澄に帰朝の挨拶をした。かねてより宗薫と打ち合わせしていた正澄は、秀吉が待ちかねていることを知っていた。手はずどおり、助左衛門をともなって献上品、呂宋壺とともに大坂城へ急いだ。

献上品の唐傘やろうそく、生きたじゃ香猫を見物した秀吉は、満足げに助左衛門がひかえている正面の座に腰をおろした。

助左衛門はひれ伏したまま、顔を上げられずにいた。

「おもてを上げよ」

秀吉が声をかけた。助左衛門が顔を上げる。

「なるほど、よい面がまえをしておる」

「おそれいります」

助左衛門の予想に反して、秀吉は好好爺然《こうこうや》とした風貌である。

(これが、利休さまを殺した男か)

鬼のような風貌を想像していただけに、拍子ぬけした。ただ、金襴の着物に身をつつみ、黄金をちりばめた豪華絢爛たる屋敷のなかにいるこの男は、たしかに天下人というにふさわしい威圧感をただよわせていた。

「その広縁にならべてある木箱のなかにあるのが呂宋壺か」

「さようでございます」

「なんとまあ、よくこれだけ集めたものよ。これらがすべて名物茶壺になると申すか」

「……それはなんとも」

「ははは、おぬしは強欲な男よ。これだけの数の土くれを名物なみの高値で売ろうと考えたのか」

「いえ……それは、わたくしではございません」

「なに……では、だれが考えたと申すか」

傍らに座っていた宗薫と正澄が、秀吉が気色ばむのを見て顔をこわばらせた。

助左衛門は、秀吉の目の奥の凶暴な光を見てとったが、顔色ひとつ変えない。

（この男の一声でおれの命は消し飛ぶ。だが、しょせん、死ぬるときは死ぬるのみ。海賊どもと取り引きするときと同じことよ）

海賊に怯《おび》えを見せたら終わりである。すべてを食いつくされる――助左衛門は、淡々と、よどみなく話す。

「わたくしは一介の商人にすぎませぬ。のぞんだところで、土くれを名物茶器に変えられようはずがありませぬ」

「当たり前じゃ。おぬしのような海賊ふぜいに名物の目利きなどできるわけがあるまい」

助左衛門は、秀吉の殺気を感じながらも、「海賊ふぜい」という言葉がおかしかった。

(おのれのことであろう)と心のなかでつぶやきながら、

「おおせのとおりでございます。されど、わたくしにできずとも、利休さまはできます」

「利休とな……」

周囲にいた者たちの顔から血の気が失せた。利休の名はここ何年もの間、秀吉の面前では禁句である。宗薫の心が天をあおいでいる。

「ここにある壺は、もとはといえば、利休さまのために集めた物でございます」

「なに、すると利休は、やはりたくさんの呂宋壺を高値で売ろうとしたのか」

秀吉は、そのようには考えていなかったらしい。(うわさが本当だったのか)と、かえって虚をつかれた様子である。それに気をうばわれ、殺気が薄れた。

「そうではございませぬ。利休さまは、不要な壺はいらぬとおっしゃり、お見せすることさえもなかなかできませんでした……。そうはいっても、利休さまのお目利きにかなう壺はすぐには見つかりませぬ。いつでもお持ちできるようにと、かねてよりさがし集めていたのが、ここにある壺なのでございます」

「ふん、利休ならいいそうなことじゃ」

「これらの呂宋の壺は、もともとは利休さまへお納めする物でございました。そのようないわくある壺であること、あらかじめ申し上げておきまする」

「ふむ、利休に納める壺、とのう」

秀吉は、助左衛門の目をみすえながら、つづけた。

「おぬし、よう商売をこころえておる。さよう、これらの壺は、利休の目利きにかなった呂宋壺として売るのがよい」

「はい」

「こやつ、いつの間にか、わしまで利休の名を口にさせられておる……。じゃが、そのように壺を売るということは、その壺が利休の名に恥じぬものでなければ、わしの顔にも泥をぬることになる。それほどの壺なのか、これらすべてが」

「はい」

「なんと、ふてぶてしいやつじゃ。よかろう、正澄、そこにある木箱を好きに三個選び取れ。ひとつでもわしの目利きにかなわぬ壺があれば、即刻、こやつの首をはねる」

正澄が秀吉の前へ木箱を運び、宗薫もその木箱から壺を取り出すのを手伝った。

壺が三個、秀吉の前に並べられた。

秀吉の目の色が変わった。

「これは……。見事じゃ」

「はい」

宗薫が、おもわず返事していた。

それらの壺は、じっくり見なくとも、一目見ただけで、ただの壺ではないことがみてとれた。それ以上の吟味は必要ない。

「古織《ふるおり》ら茶頭どもを呼び集めよ。これだけの数の茶壺、わし一人では目利きしきれぬ。きゃつらに値づけをさせよ」

秀吉が、興奮した声で命じた。古織とは利休亡きあとの茶の湯の第一人者、利休の高弟古田織部である。周囲がわさわさとした。

秀吉は好好爺然とした風貌にもどった。助左衛門は、その一瞬をとらえた。

「せんえつながら、上さま」

「おう、なんじゃ」

「利休さまのお目利きにかない、そのうえ上さまのお目利きにもかなった呂宋壺ということであれば、だれもが天下の名器とみなしましょう。されど、そのためには、利休さまの名誉がいまのままでは、いかがなものかと存じます」

「おぬし、わしの前ではだれも口にせなんだ利休の名を億面もなく口にするばかりか、その名誉を回復せよというのか」

秀吉の声は怒っていたが、目は穏やかである。怒ったふりをしている。助左衛門はそう読みとったが、宗薫や正澄は顔をひきつらせ、下を見るばかりで秀吉の顔など見ていない。秀吉は、顔色を失った二人を横目に、破顔一笑した。

「あははは、そこまでの命しらず、あきれるわ。じゃが、いうておること、もっともである。よかろう、正澄、利休の息子らの謹慎を解いてやれ」

「ははっ」

助左衛門も、おもわず、正澄とともにひれ伏していた。

（あきれるのはこっちのほうだ。利休さまの名誉を回復すれば壺が高く売れるから、あっさり謹慎を解いたのか――いや、それだけではあるまい。もともとそうしたかったのではあるまいか――天下人というのは、底知れぬ起伏をもっている）

そうおもいながら、助左衛門は、利休の無念も秀吉へのわだかまりも、自分のなかでケリがついた気がした。

（もはや、日本でやるべきことは、すべてやり終えた）

再び南海へ

大坂城を売場とした呂宋壺販売は、茶壺としては後にも先にもこれが史上最大の売上になった。

卓越した目利きの助左衛門が年月をかけて選別し、満を持して持ち帰った逸品ぞろいの呂宋壺である。そのうえ、天下人秀吉がみずから営業マンになって売りこんだのである。大名、豪商たちが、名誉にかけて先を争うように高額購入した。名物なみに、安い壺でも数億円、高い物は数十億円……全部で何百億円もの売上に達した。

助左衛門はその売上の半分でも受取ったのか、それとも秀吉が買いとったという壺三個分の代金が報酬だったのかはっきりしない。が、三個分の代金であったにせよ、何十億円に達しただろう。たしかに徳人になれた。

茶の湯における茶壺尊重の時代は、このころが絶頂だった。

この後、平和な時代のなかで利休の侘び茶が浸透していくほど、高価な唐物茶道具がもてはやされる風潮は沈静化していった。「祭りのあと」の時間がおとずれていた。

助左衛門が、日本を離れるときがきた。

宗薫が、堺の港で見送った。

「上さまが、おぬしを三千石で抱えたいとおおせであったが、口をにごしておいた」

「かたじけなく存じます……よもや、それで宗薫さまの立場がわるくはなりますまいな」

「うむ、いまは小西が羽振りをきかし、わが納屋家は軽んじられておる。これ以上わるくはなるまいて。親父どのの時代がうそのようじゃ」

「なんの。宗薫さまなれば、かならずや、もり返しましょう」

「そうなればよいがの」

「わたしは、このように考えております。世の中はめまぐるしく変わるのが当たり前。同じやり方をする者は、いずれほろびます。ならば、時機をみて、いままでとちがうことをやるしかないではありませぬか。これは、日本でも異国でも同じこと。わたしは、異国でいままでとちがうことをやります。宗薫さまも、日本でいままでとちがうことをやりつづければ、おのずと道はひらけてくるのではありますまいか」

「さようじゃのう……助左、また、会えるとよいの」

「はい、またお会いいたしましょう」

助左衛門は、そういうと、船上の人となって南海へ突き進んでいった。

あとがきにかえて――呂宋壺ビジネスとたくましき起業家精神

呂宋壺ビジネス

豊臣秀吉の時代の呂宋壺ブームには、その前段として唐物ブームがある。これは、十五世紀の書院の広間で行われた茶会において、唐物茶道具を飾り立てたことにはじまる。唐物ブームは戦国時代、裕福な茶の湯愛好者や茶人数寄者が多くなるにつれて、ますます勢いを増した。

唐物茶壺である真壺も、中国から輸入されつづけた。真壺は秀吉の時代、高価な壺だけでなく、安価な壺あるいは真壺モドキも相当な数が輸入されていたとみられる。

それゆえ、もし本書の納屋助左衛門が、それまでと同じように呂宋から真壺をただ輸入しただけであったならば、真壺は「もっとも『呂宋』を上品」（参考114頁）とするという呂宋ブランドが確立することはなかったかもしれない。呂宋壺ブームは、たんに呂宋に埋没していた真壺を輸入しただけで起こったとはおもえない。そこには「仕かけ」があったにちがいなかった。

おそらく、質のよい真壺を選んで輸入し、まずブランド化するという意図的な動きがあった。すくなくとも輸入初期の段階で、意図的な選別がなされたからこそ、「呂宋」ブランドが生まれ、呂宋壺ブームが起こった。

ともかくも、そのブランド化するという意図的な動きをしたのが助左衛門であった、とするのが本書の「見立て」である。

ブランドは、社会的評価による付加価値である。真壺自体がすでに「唐物」というブランドをもっていたが、助左衛門はさらにその上に付加価値をつけて呂宋の真壺を売ろうとした——その方法は、自分や宗久、利休の目利きで厳選することにより、新しい輸入先である「呂宋」そのものをブランド化するというやり方であった。

利休の協力をあまり得られず時間はかかったが、ともかくもブランド化は成功した。これは、それまでの真壺とは異なる、新たな呂宋壺市場を生みだした点でイノベーションといえる。

秀吉は、その呂宋壺市場に目をつけ、呂宋壺を買い占めてさらなる高値販売をはかった。が、秀吉の没後、家康にはその政策を維持した形跡は見られない。生糸については、秀吉の買い占め政策をシステム化して糸割符制度を創設したが、呂宋壺にはそうした施策はない。おそらく、江戸初期には質の高い呂宋壺の数も少なく、需要も一段落して、秀吉時代ほどの高値の市場維持はむずかしかったからではあるまいか。

呂宋壺ビジネスの寿命は長くはなかったが、真壺は「もっとも『呂宋』を上品」とするという呂宋ブランドは、現在も茶道の世界でそのまま生きている。

たくましき起業家精神

起業家とは、「いままでにない事業や新しい商品にチャレンジし、市場を創造してイノベーションを起こそうとする人」である。

起業家は、助左衛門のような商人や現代の会社経営者だけとはかぎらない。いままでにない事業、新しい商品にチャレンジするのなら、所属や立場に関係なく起業家といえる。たとえば会社員が新しいプロジェクトを主体的に立ち上げるなら、その人を起業家とみなしてよい場合もあるだろう。

このような意味の「起業家」精神は、強弱の違いはあっても、だれの心にもあるにちがいない。

「まえがき」のなかで、「時代はちがえども、イノベーションを起こす人には共通する精神、起業家精神がある。それはまた、いま日本に必要とされる『たくましさ』といいかえてよいとおもう」(参考5頁)と述べた。

「起業家精神」と「たくましさ」がなぜむすびつくのかといえば、イノベーションを起こすような新しい事業やビジネス、商売には、リスクや失敗がつきものだからだ。リスクや失敗を恐れずチャレンジする精神は、たくましさそのものといってよいだろう。

また、そのたくましさは、「新しい価値、新しい市場」をつくりだすアグレッシブなたくましさでもある（参考19頁）。

たくましさの源泉

本書は、「まえがき」において「乱世のなかでも成功した戦国商人のたくましさがどこから生まれたのか」という問いかけをした。

戦国商人は助左衛門だけではない。その周囲にいた納屋宗久・宗薫父子や天王寺屋宗及、日比屋良慶らの堺商人たち。台風で僚船を失っても貿易しようと呂宋へ向かい、オランダ艦隊に遭遇した山下七左衛門。難破の危険をものともせず、外洋航行に不向きな和船で東シナ海へ乗りだしていった遣明船の商人たち――それらの商人も、助左衛門と同じくたくましき起業家精神で、めまぐるしく変化する時代を精いっぱい生きぬいたのではなかったろうか。

かれら戦国商人は、現代人とまったく異質な起業家精神を抱いていたわけではあるまい。ただ、もしリスクや失敗を恐れないという面を重視して「たくましさ」を許れるとしたなら、戦国商人たちのほうが高得点をとりそうである。

そうしたかれらのたくましさは、いったい何に由来するのか。

ひとつには、常に命を奪われるリスクが身近にあったことが戦国商人をたくましくした、というのはまちがいあるまい。生粋の商人も、問答無用で襲ってくる半商半賊や海賊の輩とは戦わざるをえなかった。一時たりとも油断できない緊迫した環境が、たくましき戦国商人を生みだす源泉だったろう。

現代においても、文字どおりに命をかける局面でなくとも、本人の心のもち方によって命がけで物事に取りくむことは可能である。ただ、戦国時代のごとく「常に」命がけで物事に取りくむというのは至難であろう。平和な現代にあってもそれができる人は、成功への道を着実に歩める人なのかもしれない。

もっとも、戦国時代の商人は常に命がけで商売したから全員が成功した、というわけではなかった。

戦国時代にかぎらないが、何事にも臨機応変に対応する才覚は必要だ。

納屋宗久のように、他の堺衆の反対を押し切ってでも信長に賭けるといった、状況に応じた大胆な決断と行動がとれなければ成功はおぼつかないだろう。

このたくましき臨機応変力とでもいうべき能力は、まさに機をみて変化に適切に、そしてアグレッシブに対応する能力である。原理原則はない。人それぞれの世界観、人生観、価値観といった物事への見方から生まれると考えられる。

たとえば、同じ呂宋の壺でも、モルガのように「色は褐色で、外見はよくない」（参考70頁）という見方もあれば、助左衛門のように「どうして、ここに、こんな壺（名器）があるのですか」（参考203頁）という見方もある。

見方の違いが、異なる対応につながる――臨機応変力は、日頃さまざまな物事に接し、体験し、感じ、考えるなかで醸成される物事への見方から生まれるものであろう。

助左衛門ほか戦国商人には、物事への共通した見方があったとおもう。

「世の中は変わる、安住はありえない」

という見方である――いつでも社会は変化するという世界観、といってもよい。そのような世界観を漠然と抱いているのではなく、ほとんど日常的な現実として意識していたのではあるまいか。

助左衛門の呂宋壺五十個を運んだとみられる日本船団には、スペイン商人アビラ・ヒロンもいあわせた。かれが著した『日本王国記』の巻頭は、当時の日本の変化のはげしさに衝撃を受けたのか、次のような書き出しからはじまっている。

「この不確定で、気ちがいじみた（ママ）王国の移り変わりは、極めてはげしいものだから……（この報告で）扱われることがらがどれほど確定的に見えたとしても、いろいろと目新しいことが出てくるにちがいない……この王国では、他のどこの土地（国）よりも、確実性のすくなさと多様性のはなはだしさが明らかにみられる」（括弧は著者による）

ヒロンは、日本のめまぐるしい変化に驚愕したようだ。あたかもジェットコースターのはげしい動きをはじめて見物して興奮したかのごとくである。

かれは貿易商かつ文筆に長じた旅行家だった。アジア各国を往来していた。が、ジェットコースターの魅力に取りつかれて自分も乗りたくなったのか、その後半生のほとんどは日本に滞在している。当時の日本に人生を投じたヒロンは、リスクや失敗を恐れない戦国商人と同様のたくましさの持ち主だったのかもしれない。

「世の中は変わる、安住はありえない」

その見方から、自分も変わらなければならないという意識が生まれ、命がけで新しいことにチャレンジする、という戦国商人の生きざまも生まれてきたのではあるまいか——真のたくましさは、そのあたりにあるようにおもえる。

参考文献一覧　本書を書くにあたって、左記の資料を参照し、一部引用させていただきました。記して感謝の意を表します。

『太閤記　新日本古典文学大系60』小瀬甫庵著・檜谷昭彦他校注（岩波書店）
『太閤史料集（天正記・太閤さま軍記のうち・川角太閤記）』桑田忠親校注（新人物往来社）
『堺鑑　浪速叢書13』衣笠一閑（浪速叢書刊行会）国会図書館ウェブサイト公開史料
『国花万葉記2　古板地誌叢書2』菊本賀保著（すみや書房）
『和泉名所図会巻1』秋里籬島著　高橋平助刊行　国会図書館ウェブサイト公開史料
『当代記・駿府記　史籍雑纂』（続群書類従完成会）
『多聞院日記第4巻』辻善之助編（角川書店）
『駒井日記　史籍集覧25』駒井重勝他（近藤出版部）国会図書館ウェブサイト公開史料
『信長記　古典文学全集17』那須辰造編著（ポプラ社）
『新訂信長公記』太田牛一著・桑田忠親校注（新人物往来社）
『元親記　四国史料集―第二期戦国史料叢書5』山本大校注（新人物往来社）
『戦国武将逸話集―訳注『常山紀談』巻一～七』湯浅常山著・大津雄一他訳注（勉誠出版）
『糸乱記　日本史料選書17』高石屋通喬編著・中田易直校訂（近藤出版社）
『和漢三才図会3　東洋文庫456』寺島良安著・島田勇雄他訳注（平凡社）
『琅かん記・呂宋の真壺―新村出全集第十一巻』新村出（筑摩書房）
『呂宋壺に就いて―南方土俗三巻二号』岩生成一（南方土俗発行所）
『呂宋助左衛門の世界―産報デラックス99の謎』歴史シリーズ8（産報ジャーナル）
『豊臣氏の呂宋壺貿易について―史学二十一巻第二号』渡邊基（三田史学会）
『朱印船貿易史の研究』岩生成一（吉川弘文館）

『南洋日本町の研究』岩生成一（岩波書店）
『日本の歴史14鎖国』岩生成一（中央公論新社）
『フィリピン諸島誌　大航海時代叢書第7』モルガ著・神吉敬三他訳（岩波書店）
『日本王国記他　大航海時代叢書第11』ヒロン著・佐久間正他訳（岩波書店）
『ジパングと日本―日欧の遭遇』的場節子（吉川弘文館）
『イエズス会日本年報上　新異国叢書3』村上直次郎訳　柳谷武夫編（雄松堂書店）
『日本巡察記』ヴァリニャーノ著・松田毅一他訳（平凡社）
『完訳フロイス日本史1～6』フロイス著・松田毅一他訳（中央公論新社）
『堺市史2～7　本編・資料編・別編　複刻』三浦周行監修他・堺市役所（清文堂）
『津田宗及茶湯日記　他会篇上・下』松山米太郎評註　国会図書館ウェブサイト公開史料
『今井宗久茶湯日記抜書他　茶道古典全集第10巻』千宗室編（淡交社）
『山上宗二記』熊倉功夫校注（岩波書店）
『茶道筌蹄巻3』稲垣休叟　柏原屋義兵衛刊行　早稲田大学図書館ウェブサイト公開史料
『言継卿記―公家社会と町衆文化の接点』今谷明（そしえて）
『利休の風景』山本兼一（淡交社）
『海外貿易から読む戦国時代』武光誠（ＰＨＰ研究所）
『中世文化人の記録―茶会記の世界』永島福太郎（淡交社）
『茶会記の風景』谷晃（河原書店）
『堺の歴史―都市自治の源流』朝尾直弘他（角川書店）
『江戸の貨幣物語』三上隆三（東洋経済新報社）
『マネジメント・エッセンシャル版』Ｐ・Ｆ・ドラッカー著　上田惇生訳（ダイヤモンド社）

著者プロフィール

萩原雄二郎

1954年鹿児島県生まれ。東京大学医学部卒。出版社勤務後著作活動に入る。歴史、心理学をベースにビジネス、自己啓発の分野を幅広く分かりやすく解説。ITベンチャー企業で経営管理役員も歴任。著書に『真関ヶ原合戦』（K・Kロングセラーズ）『剣豪伝／地の巻』（講談社文庫・共著）『琉球王朝の謎』（三心堂出版）ほか多数。執筆は歴史雑誌のほかに『最新図解スッキリわかる！半導体の基本としくみ』（ナツメ社）などもある。

戦国イノベーション　たくましき海商ルソン助左衛門の時代

2013年9月20日　初版第1刷発行

著　者　萩原雄二郎

発　売　株式会社メディアパル

〒162-0813 東京都新宿区東五軒町6-21

電話　03-5261-1171　FAX　03-3235-4645

発行所　株式会社エルシーシー

〒101-0051 東京都千代田区神田神保町1-14

電話　03-5577-6415　FAX　03-5577-6416

発行者　萩原雄二郎

印刷・製本　シナノ書籍印刷

定価はカバーに表示してあります。落丁・乱丁本はおとりかえいたします。

　ISBN 978-4-89610-283-3